DR. HELGE RIEPENHOF
HOLGER STROMBERG

STARK GEGEN SCHMERZEN

Die besten **Rezepte** und **Übungen** gegen **Arthrose** und **Gelenkschmerzen**

DR. HELGE RIEPENHOF
HOLGER STROMBERG

STARK GEGEN SCHMERZEN

Die besten Rezepte und Übungen gegen Arthrose und Gelenkschmerzen

Inhalt

DIE ICONS BEI DEN REZEPTEN

Vegetarisch

Vegan

Flexitarisch

Entzündungs-hemmend

Gut für den Knorpelaufbau

Gut für den Knochenaufbau

ÜBUNGSZEIT Hier können Sie Kochpausen oder Garzeiten für Übungen nutzen

Vorwort

Liebe Leserin, lieber Leser,

von Arthrose heißt es oft knapp und sachlich, sie sei die weltweit häufigste Gelenkerkrankung. Was sich dahinter verbirgt, ist aber viel mehr. Für unzählige Menschen bedeutet Arthrose Schmerz – und das manchmal an verschiedenen Stellen im Körper. Allein in Deutschland leiden fünf Millionen Menschen unter Beschwerden wegen einer Arthrose, zwei Millionen haben tagtäglich Schmerzen im Knie, in der Hüfte oder den Fingergelenken. Die Krankheit scheint vor kaum einem Halt zu machen – ob jung oder alt, bewegungsfaul oder Leistungssportler.

Zu dem gut erforschten Krankheitsbild, das nach und nach die Knorpel zwischen den Gelenken zerstört, findet man viele Informationen. Diese überfordern aber häufig und lassen einen, wenn man betroffen ist oder mit einem Betroffenen zusammenlebt, ratlos und frustriert zurück. Vor allem vermitteln sie oft das Gefühl, dass man mit Arthrose einem unvermeidbaren Schicksal ausgeliefert sei. Denn mit konservativen Maßnahmen wie entzündungshemmenden Medikamenten oder Physiotherapien lassen sich – auch das erfährt man – Arthrosebeschwerden allenfalls lindern, aber nicht heilen. Viele Betroffene scheuen verständlicherweise vor einer Behandlung mit Schmerztabletten zurück, weil sie Nebenwirkungen fürchten, und möchten auch eine Gelenkoperation vermeiden. Was also tun?

Die gute Nachricht zuerst: Arthrose ist KEIN unabwendbares Schicksal. Dank neuer Untersuchungen wissen wir heute, dass wir selbst bei einer fortgeschrittenen Arthrose sehr viel bewirken können, um den Verlauf zu mildern oder es gar nicht erst so weit kommen zu lassen. Denn Arthrose ist eine Lebensstilerkrankung. Das heißt, man hat sie sich im Lauf des Lebens „erworben". Obwohl man sie bekommen hat, lassen sich Wege finden, wie man trotz des Gelenkverschleißes schmerz- und beschwerdefrei leben kann. Mit regelmäßigen gezielten Kurzzeit-Bewegungsübungen für die Gelenke und einer entzündungshemmenden, vollwertigen und pflanzenbasierten Ernährungsweise können Sie einer Arthrose vorbeugen, die Beschwerden lindern oder sich sogar völlig von den Schmerzen befreien und den Entzündungsprozess stoppen.

Im Buch haben wir für Sie übersichtlich und gut verständlich ein Selbsthilfeprogramm zusammengestellt. Sie erfahren alles Wichtige, was Sie zum Thema Arthrose wirklich wissen müssen. Dazu zeigen wir Ihnen ganz einfache gelenkspezifische Übungen, die vielen Patienten und Profisportlern gut geholfen haben. Die Übungen kosten Sie nur wenig Zeit, bringen aber viel Entlastung in den Schmerzzonen. Eine angepasste Ernährungsweise, wie wir sie in diesem Buch vorstellen, kann effektiv auf dem Weg in die Beschwerdefreiheit helfen. Spitzenkoch Holger Stromberg weiß aus eigener Erfahrung, wie mächtig Ernährung im Kampf gegen Schmerzen wirkt. Und als Genussmensch ist er selbst das schmerzfreie Beispiel für jemanden, der seine Arthrose kontrolliert, und nicht für einen, der sich von seiner Arthrose kontrollieren lässt. Einfache, leckere Alltagsrezepte für eine entzündungshemmende, knorpelstabilisierende Ernährung runden das Selbsthilfeprogramm ab. So helfen Frühstück, Mittag- und Abendessen, Schmerzen natürlich zum Abklingen zu bringen und Knorpel und Gelenke optimal mit Nährstoffen zu versorgen.

Wir wünschen Ihnen alles Gute!

Dr. med. Helge Riepenhof und Holger Stromberg im Gespräch

Hierzulande kennt jeder Zweite über 65 den Schmerz in den Gelenken, die Probleme beim Aufstehen oder das Gefühl, keine bequeme Sitzposition zu finden. Aber auch jüngere Menschen leiden unter dem Gelenkverschleiß. Ab 30 Jahren beginnen die Gelenke abzubauen. TV-Bewegungsdoc Dr. Helge Riepenhof und Spitzenkoch Holger Stromberg wissen, worauf es bei Arthrose ankommt. Eine Möglichkeit, um fit und mobil zu bleiben, sind gezielte Übungen. Doch auch mit dem, was wir essen, können wir unsere Gelenke schützen. Worauf es ankommt, erklären der Top-Orthopäde und der Ernährungsexperte im Gespräch.

Knackst es bei Ihnen auch schon mal in den Gelenken oder haben Sie morgens Schmerzen beim Aufstehen?

HS: Zum Glück nicht mehr, aber ich kann von verschiedenen Schmerzstellen im Körper das eine oder andere Lied singen. Nicht unbedingt ein schönes Lied. In der Hochphase meiner Karriere als Star- und TV-Koch, den tollen Jahren bei der Nationalelf und als Gründer verschiedener Gastro-Unternehmen habe ich alles gegeben und es genossen, immer auf der Überholspur zu fahren. Es gab Zeiten, da bin ich 250 Tage im Jahr in irgendeinem Hotel wach geworden. Schmerzen im Rücken, in der Hüfte, am Fuß, später in den Fingern wurden zu meinen täglichen Begleitern. Ich habe das jahrelang so gut es ging ignoriert.
Das funktioniert bei Dauerstress eine ganze Weile super. Der Hormoncocktail aus Adrenalin und Cortisol wirkt wie ein Schmerzmittel. Arbeiten konnte ich, auf mich zu achten, musste ich erst mühsam lernen. Dabei haben mir dann meine Schmerzen tatsächlich geholfen. Ich war eine ganze Weile Dauergast bei Orthopäden und habe 2012 auch eine neue Hüfte bekommen. Durch diesen harten Wink des Zaunpfahls habe ich damit angefangen, mein Leben von Grund auf zu ändern.

HR: Ja, Schmerzen sind etwas Gutes! Das hört sich vielleicht komisch an, aber lassen Sie es mich erklären ... Schmerzen helfen dem Menschen, Dinge zu unterlassen, die nicht gut für ihn sind. Deshalb sind sie sehr hilfreiche Warnsysteme und notwendig, damit wir gesund bleiben oder etwas für unsere Gesundheit tun. Es gibt zum Beispiel Patienten, die keine Schmerzen empfinden können. Das klingt zunächst einmal gut, ist aber tatsächlich eine schlimme „Erkrankung“. Diese Menschen verletzen sich ständig, allein durchs einfache Stehen. Jeder muss sich immer minimal bewegen, weil es sonst im Körper schnell ungemütlich wird. Das machen Gesunde unbewusst ganz automatisch, wer keine Schmerzen empfindet, aber nicht.

Warum ist das so?

HR: Die Betroffenen können aufgrund einer Genmutation keine Schmerzen spüren. So bleiben Verletzungen oder andere Schäden im Körper oftmals unentdeckt. Das heißt auch, dass schmerzunempfindliche Menschen Belastungen nicht richtig anpassen oder falsch ausgleichen. Als Folge überlasten sie ihre Gelenke punktuell und schaden damit dem ganzen Körper. Denn der verschleißt dadurch schneller. Man muss Schmerzen also als etwas Positives schätzen, als eine tolle Funktion unseres Körpers. Dann kann man Schmerz auch bewusst loswerden.

Was passiert eigentlich genau bei einer Arthrose?

HR: Arthrose bedeutet Verformung des Gelenks. Das ist immer ein Zeichen dafür, dass das Gelenk verschleißt. Dieser Verschleiß äußert sich durch verschiedene Veränderungen, die man auf Röntgenbildern sehen kann. Deshalb sieht sich ein Arzt zur Diagnose von Arthrose auch immer eine Röntgenaufnahme an.
Es gibt bei einer Arthrose viele Veränderungen an Gelenken. Ganz wesentlich ist eine, die man erst mal nicht sehen kann: Auf dem Röntgenbild erkennt man nur Knochen und keinen Knorpel. In Wirklichkeit ist aber immer dort, wo die Gelenke aufeinandertreffen, Knorpelgewebe dazwischen. Diese Schicht verschwindet bei der Arthrose, deshalb spricht man von einer Verschmälerung des Gelenkspalts. Am Rand dieser Gelenke wird dann neuer Knochen gebildet. So versucht der Körper, mehr Stabilität zu erzeugen. Eigentlich total logisch und sinnvoll, dennoch stört dieser Knochen leider. Diese sogenannten osteophytären Randanbauten sind ein Zeichen von fortgeschrittener Arthrose. Außerdem verdichtet sich der Knochen unterhalb des Knorpelgewebes. Der fehlende Puffer des langsam schwindenden Knorpels erhöht den Druck auf die knöchernen Enden und dadurch entstehen die sogenannten Sklerosezonen. Diese Prozesse gehen alle mit einer „Entzündung“ des Gelenks einher.

Die Haut über dem betroffenen Gelenk wird rot, überwärmt, das Gelenk beginnt zu schmerzen, allerdings ohne Beteiligung von Bakterien wie normalerweise bei einer Entzündung.

Wo kommt Arthrose am häufigsten vor?

HR: Jedes Gelenk kann von Arthrose betroffen sein. Am häufigsten sind es die Gelenke, die eine große Last tragen müssen oder die aufgrund von früheren Unfällen oder auch Stoffwechselstörungen wie Gicht geschädigt sind. Da unsere Knie- und Hüftgelenke sehr beweglich sind und unser gesamtes Gewicht tragen, ist die Arthrose in diesen Gelenken die, die uns im Alltag häufig am meisten beeinträchtigt. Mit den Fingergelenken sind aber sehr häufig auch kleine Gelenke betroffen und mit dem Großzehengrundgelenk auch solche mit einer geringen Beweglichkeit.

HS: Bei uns Köchen gilt Arthrose ja gewissermaßen als Berufskrankheit, weil wir viele Stunden am Tag vornübergebeugt am Tisch oder am Herd stehen, wo wir die Lebensmittel verarbeiten. Nicht wenige Köche bekommen ihre erste „neue" Hüfte oder ein neues Knie vor ihrem 50. Lebensjahr, vor allem, wenn sie ein paar Kilo zu viel auf den Hüften haben.

Wen trifft es am häufigsten?

HR: Menschen in allen Berufen, die mit einseitigen körperlichen Belastungen einhergehen. Es trifft die Sekretärin, die stundenlang am Computer vor ihrer Tastatur sitzt, genauso wie den Fliesenleger, der viel Zeit auf den Knien verbringt, oder den Chirurgen am Operationstisch. Auch Pflegepersonal und Sportler gehören dazu.

Und was sind die Ursachen dafür?

HR: Fehlstellungen können eine Ursache sein. Eigentlich ist unser Körperaufbau ziemlich genial. Angeborene oder erworbene Fehlstellungen in der Hüfte, den Füßen oder Kniegelenken belasten aber dieses nahezu perfekte System. Eine weitere Ursache sind Vorschädigungen wie zum Beispiel ein Knochenbruch mit Gelenkbeteiligung. Hinzu kommen Stoffwechselstörungen wie die Gicht. Hier lagern sich Kristalle im Gelenk ab und führen zu Schmerzen. Rheuma schließlich kann an unterschiedlichen Geweben im Körper mit oder ohne Entzündungen zu Weichteil-, Knochen- oder Gelenkschäden führen. Weil es bei Arthrose eine familiäre Häufung gibt, spielt auch immer Vererbung eine Rolle. Am entscheidendsten sind aber die Folgen des Lebensstils, also wie man sich ernährt und bewegt. Insbesondere Übergewicht wirkt sich darauf aus, ob Gelenke schneller verschleißen.

HS: Das kann ich leider bestätigen. Bis zu einem Alter von etwa sechs Jahren war ich normalgewichtig. Ab dann beschränkte sich mein Interesse auf Essen und Kochen. Weil ich gerne in Gesellschaft esse, hieß das damals auch, dass ich bei jeder Schichtpause der Mitarbeiter im Gasthaus meiner Eltern mitgegessen habe. Mit 15 habe ich es so auf 112 Kilo gebracht. In den ersten zwölf Monaten meiner Kochausbildung verlor ich dann 30 Kilo. Aber: Die Überbelastung meiner Gelenke durch das jahrelange Übergewicht in meiner Kindheit und Jugend und eine völlig ungesunde Ernährungsweise mit Limos, zu viel Fleisch, Käse und Wurst haben schon im Wachstum die Gelenke belastet und Entzündungsgeschehen gefördert.

Welche Rolle spielt zu viel Bauch bei Entzündungen in den Gelenken?

HR: Einmal durch die Mehrbelastung durch das Gewicht, aber auch, weil im Bauchfett Boten- und Entzündungsstoffe produziert werden. Der Bauch arbeitet wie eine Hormonfabrik. Die Substanzen werden in den Körper ausgeschüttet und lösen Entzündungsreize im gesamten Körper und damit auch an den Gelenken aus.

Welche Rolle spielt Stress bei der Entstehung von Arthrose?

HR: Stress spielt bei jeder Erkrankung eine Rolle, denn er beeinflusst zum Beispiel das Immunsystem und ist als Folge hormoneller Entgleisungen – das Stresshormon Cortisol ist dauerhaft erhöht – auch für die Entwicklung von bauchbetontem Übergewicht mitverantwortlich. Über diesen Weg spielt Stress sowohl bei der Entstehung von Schmerzen als auch bei der Behandlung eine wesentliche Rolle. Außerdem hat Stress immer einen psychischen Effekt, den man, gerade wenn es um Schmerzen geht, nicht vernachlässigen darf. Viele Menschen machen die Erfahrung, dass sie in stressigen Situationen Schmerzen stärker wahrnehmen und dass der Schmerz auch länger bleibt.

HS: Diese Schmerzspirale durch Stress kann ich absolut bestätigen. Bei mir hat der körperliche Raubbau, den ich als Spitzenkoch mit 18 Arbeitsstunden an sechs Tagen pro Woche betrieben habe, zusätzlich seinen Tribut gefordert.

Was macht Arthrose-Patienten am meisten Sorgen?

HR: Sicher der Schmerz in Kombination mit dem zunehmenden Funktionsverlust, ganz egal, ob in Hüfte, Fuß oder Fingern. Die Schmerzen zehren dabei ständig an den Nerven und dann meidet man immer mehr Belastungen und Bewegungen. Durch die Ruhepause fühlt man sich zunächst besser, wenn man dann allerdings wieder losgehen oder sich bücken will, kommt der Schmerz schnell zurück. Ein Teufelskreis. Durch die Ruhepausen verliert man immer mehr Muskulatur und Beweglichkeit in und um die Gelenke. Der Schmerz wird bei jeder Belastung schlimmer und schlimmer. Ist das Gelenk dann zerstört, in der Bewegung völlig eingeschränkt und kaum mehr belastbar, hilft es nur noch, ein Kunstgelenk einzusetzen. Aber auch dann fehlen häufig die relevanten Muskeln und die Betroffenen werden trotz der neuen Hüfte oder des neuen Knies nicht immer glücklich. Daher helfen die Bewegungstipps, die Sie in diesem Buch finden, so oder so: egal, ob ein Gelenk noch gesund ist oder bereits einen leichten Arthroseschaden hat, ob es fortgeschritten zerstört ist oder schon ein Kunstgelenk eingebaut wurde. Nur wenn die Funktion gut ist – und dafür benötigt man eine trainierte Muskulatur – verschwinden die Schmerzen.

»Aktivität ist der Schlüssel zum Erfolg. Keine Massage oder passive Maßnahme wie eine Salbe oder ein wenig Ultraschall haben eine vergleichbare Wirkung wie Bewegung.«

DR. HELGE RIEPENHOF

Welche konservativen Maßnahmen gibt es zur Behandlung?

HR: Kälte kann lokale Beschwerden oft schon lindern. Gut wirken kühle, aber nicht eiskalte Umschläge oder Bäder. Außerdem helfen Salben oder Ultraschall, Elektrotherapie und andere Therapien, insbesondere bei stark überlasteten Muskeln nahe der Gelenke. Dann gibt es eine Menge sehr wirksamer Medikamente wie Ibuprofen, Voltaren, Nurofen, Diclofenac oder Kortison. Der Nachteil ist allerdings, dass alle wesentliche Nebenwirkungen haben und zum Beispiel die Nieren schädigen. Anfangs merkt man dies kaum, schleichend führen die Tabletten aber gelegentlich zu viel schlimmeren Erkrankungen als die, die man mit ihnen behandeln wollte. Außerdem kann man noch bestimmte Substanzen ins Gelenk spritzen: zum Beispiel Hyaluronsäure oder auch thrombozytenreiches Plasma, das aus Eigenblut gewonnen wird. Dadurch sollen regenerative Prozesse ausgelöst werden, was auch schmerzlindernd wirkt. Das Wichtigste bei einer Arthrosetherapie ist aber fast immer eine Veränderung des persönlichen

»Eine pflanzenbasierte Küche reichert den Speiseplan zusammen mit gesunden Fetten ganz einfach mit Entzündungshemmern an. Manche Gewürze wirken sogar wie natürliche Schmerzmittel.«

HOLGER STROMBERG

Lebensstils. Dazu muss man keine Riesenschritte tun, aber ein paar kleine – und die müssen einfach passieren: ein wenig mehr gezielte Aktivität und eine Anpassung der Ernährung hin zu mehr antientzündlichen Produkten. Auf diese Weise werden Abfallprodukte aus den Zellen abtransportiert, Muskeln trainiert und die Gelenkknorpel und Knochen mit Nährstoffen versorgt.

Warum wissen viele Betroffene nicht, dass Sie sich auch selbst gut helfen können?

HR: Da gibt es viele Gründe. Ein wesentlicher Faktor ist, dass die Diagnose erst mal den Röntgenbefund beschreibt, und der hört sich oft krass an: Man denke nur an „fortgeschrittener Verschleiß bei Knorpelschaden Grad 4“ oder „Knorpelglatze“. Dann kommen die Erklärungen der Ärzte hinzu, die häufig auch sehr dramatisch wirken, wie „Sie laufen auf der Felge“ oder „Sie belasten ja schon den Knochen, denn der Knorpel ist weg“. Zudem ist der gesamte Bereich der „passiven Behandlungsmethoden“ so verlockend einfach. Ob Tablette, Salbe oder Spritze: Nichts davon ist mit eigener Aktivität verbunden, man kommt nicht ins Tun. Schließlich ist es heute so unglaublich einfach, ein Gelenk zu ersetzen, und die Ergebnisse sind auch hervorragend.

Ist es dann nicht tatsächlich einfacher, sich gleich ein Kunstgelenk einsetzen zu lassen?

HR: Vergessen wird hier leider oft, dass nach einer solchen Operation eine intensive Rehaphase mit viel, viel Training folgen muss, um die Gelenkersatztherapie wirklich erfolgreich zu machen. Viele hochwertige Studien belegen, dass Menschen mit ihrer neuen Hüfte oder dem neuen Knie nur dann glücklich werden und sie im Alltag „fast vergessen“, wenn ihre Muskulatur ausreicht, um das Kunstgelenk gut zu kontrollieren. Ob sie die Muskulatur nun vor oder nach der Implantation des Ersatzgelenks trainieren, spielt dabei fast keine Rolle. Spannenderweise machen wir in der Praxis sehr regelmäßig eine Beobachtung, die in vielen Fällen gegen eine OP spricht: Menschen, die zur „Preha“ kommen, das ist eine Art Reha zur OP-Vorbereitung, entschließen sich danach, eine Operation noch ein paar Jahre herauszuschieben. Durch das kurze, intensive Training in der Preha werden die Beschwerden plötzlich deutlich besser und die Funktionalität des Gelenks kehrt zurück.

Wie weit kann man mit der Ernährung Arthrose heilen?

HS: Heute weiß man, dass eine ungünstige Ernährungsweise mit viel Fleisch, Käse, Zucker und Alkohol bei der Entstehung einer Arthrose eine große Rolle spielt. Stellt man die Ernährung um auf einen hohen Anteil an vegetarischen Lebensmitteln mit viel Gemüse und gesunden Fetten, ist die Arthrose dadurch zwar nicht heilbar, aber der Verlauf lässt sich nachweislich günstig beeinflussen. Das habe ich auch im Selbstversuch erfahren. Durch die Umstellung auf eine vorwiegend pflanzliche beziehungsweise flexitarische Ernährungsweise habe ich erlebt, wie sich mein Körper selbst geheilt hat. Ich bin heute beschwerdefrei – und das fühlt sich gut an.

Worauf sollte ich bei meiner Ernährung achten, um meine Gelenke gesund zu erhalten?

HS: Hier empfehle ich vor allem, möglichst viel reines Wasser zu trinken. Und Omega-3-Fettsäuren im Speiseplan einzubauen – das funktioniert gut mit Lein-, Raps-, Nuss- oder Algenöl. Absolut empfehlenswert ist es auch, sich in die Welt der Kräuter und Gewürze zu begeben: Das bringt nicht nur jede Menge Geschmack, sondern auch Linderung bei Arthrosebeschwerden. Man denke nur an Kurkuma, Schwarzkümmel, Koriander, Nelken, Muskatnuss oder Chili- und Peperonischoten. Oder Dörrpflaumen – die sind völlig verkannt. Kräuter und Gewürze bremsen Entzündungsprozesse und nehmen den Schmerz, Dörrpflaumen schützen die Knochen. Und dann sollte man natürlich sein Gewicht im Blick haben und normalisieren.

Und wie kann ich am besten abnehmen, wenn ich Übergewicht habe?

HS: Übergewicht reduzieren, das funktioniert mit einer Umstellung auf pflanzliche Kost ganz gut. Dann muss man auch keine Kalorien zählen. Es ist wichtig, dass man nicht ins Hungern kommt und dass das Essen nach wie vor Spaß macht und schmeckt. Wer will und kann, sollte es mal mit Heilfasten als Einstieg probieren. Das ist bei mir ein jährliches Ritual und ich möchte es nicht mehr missen. So kann auch der Ein- oder Umstieg in eine bessere Ernährungsweise leichter gelingen. Für den Alltag empfehle ich gerne Intervallfasten. Mir persönlich liegt die 16:8-Methode sehr, also 16 Stunden Wasser trinken und nichts essen, danach esse ich mich in 8 Stunden (nur) zweimal am Tag richtig satt, das reicht mir zum Glück.

Warum bringt der Verzicht auf Fleisch Arthroseschmerzen zum Verschwinden?

HS: Viele tierische Produkte wie Fleisch und Wurst enthalten eine bestimmte Omega-6-Säure, die sogenannte Arachidonsäure. Sie spielt bei Entzündungsprozessen eine zentrale Rolle. Aus ihr entstehen im Körper nämlich Signalstoffe, sogenannte Eicosanoide, die Entzündungen und somit Schmerzzustände fördern. Vor allem Schweinefleisch und daraus hergestellte Produkte sollte man meiden. Ebenso hilfreich ist es, Süßes und Weizen wenn überhaupt nur noch in Kleinstmengen zu verzehren, da sie Entzündungen anheizen.

Gibt es bestimmte Lebensmittel, die besonders helfen?

HS: Ja, im Grunde alle Produkte, die viele Entzündungshemmer enthalten, wie Omega-3-Fettsäuren, Silizium für die Knorpel, Vitamin C, E und D sowie Selen und noch einige mehr. Das bekommt man mit einer abwechslungsreichen Kost aus viel Gemüse, bestimmten Obstsorten, Gewürzen, guten Fetten, Nüssen und Kräutern hin. Denn die Stoffe wirken nie nur isoliert, sondern im Zusammenspiel. Aus meiner Sicht ist es wichtig, sich immer wieder klarzumachen, dass der Schmerz von der Entzündung herrührt. Die lässt sich durch Ernährung tatsächlich „stilllegen". Deshalb empfehle ich, den Speiseplan und den Warenkorb entsprechend zu optimieren, um so das Immunsystem und das Regenerationspotenzial des Körpers optimal zu unterstützen.

Warum ergänzen sich Bewegung und Ernährung bei Arthrose so gut?

HR: Weil sehr häufig leider genau diese beiden Dinge schiefgegangen und der Grund für ein schnelles Voranschreiten der Arthrose sind. Behebe ich nur ein Problem, bleibt das andere, und die Verbesserungen sind weniger spürbar. Die Kombination hat daher zwei Vorteile: Erstens ist sie sehr viel effektiver, als wenn ich nur einen Hebel ansetze. Und zweitens, sollte ich in einem der beiden Bereiche mal nicht ganz konsequent sein, habe ich zumindest noch einen Benefit durch den anderen.

Wenn Bewegung wehtut, soll ich dann trotzdem üben?

HR: Jein! Erst mal ein klares Nein zu Training mit Schmerzen. Allerdings sollte man nicht gleich die Aktivität hinterfragen, sondern einfach mal schauen, ob man vielleicht zu intensiv eingestiegen ist. Daher sind die Übungen in diesem Buch auch so aufgebaut, dass man mit einer einfachen Variante anfängt. Wenn man die gut beherrscht, kann man die anspruchsvolle Version üben.

Kann ich mit Arthrose auch Yoga machen?

HR: Yoga ist super! Auch wenn es früher häufig belächelt wurde, ist inzwischen beispielsweise auch Fußballprofis klar, dass Yoga eine tolle Sache ist, um die Beweglichkeit zu fördern und Gelenken den Freiheitsgrad zu geben, den sie brauchen.

Welche Bewegungen sollte man lassen?

HR: Da gibt es nur sehr, sehr wenige. Anders als wir früher dachten, sind auch Sportarten mit vermeintlich hoher Gelenkbelastung besser für den Knorpel als Nichtstun. Das schadet dem Gelenk am meisten. Daher sollte man nur auf Bewegungen verzichten, die Schmerzen auslösen, und dafür das Gelenk mit anderen schmerzfreien Übungen bewegen.

HS: Ich mache seit drei bis vier Jahren fast täglich kleine Übungen für die obere Wirbelsäule und die Schultern. Das war am Anfang unangenehm, nach kurzer Zeit wurde es aber schon besser und heute sind die Schmerzen weg. Außer ich lasse das zwei Tage lang aus, dann kommt die Motivation zum Weitermachen durch Wehweh von ganz allein zurück.

Wie kann jeder von uns denn dem Gelenkverschleiß vorbeugen?

HR: Fünf Minuten Training am Tag reichen, wie wir es in diesem Buch zeigen. Training heißt allerdings, dass man seinen Körper fordern muss. Einfach nur bewegen ist zwar nett und schadet sicher nicht, etwas anstrengend darf es in den fünf Minuten allerdings schon sein, um die Muskeln, die man braucht, um schmerzfrei zu werden, zunächst zu reaktivieren und dann noch ein wenig zu kräftigen.

HS: Dazu so oft wie möglich pflanzenbasiert kochen und genießen und diese Veränderungen im Lifestyle vor allem mit positiver Einstellung und Zuversicht angehen. Der Körper atmet auf – und die Gelenke sagen Danke!

ERNÄHRUNGSBASICS BEI ARTHROSE

Um einer Arthrose vorzubeugen oder das Fortschreiten der Erkrankung aufzuhalten, können Sie viel tun. Mittlerweile ist es wissenschaftlich gut belegt, dass eine gezielte Ernährung – bei Bedarf in Kombination mit einer Gewichtsabnahme – den Schmerz in den Gelenken stilllegen kann. Auch Knorpel und Knochen können sich erholen. Wichtig dafür ist eine gute Versorgung mit bestimmten Nährstoffen. Holger Stromberg erklärt, warum dies nachweislich am besten mit einer pflanzenbasierten Ernährung funktioniert.

Geheimwaffe Ernährung

Zwar können neue Therapieansätze ein Fortschreiten der Arthrose bremsen und auch die Schmerzen lindern. Weil aber womöglich die Ernährung bei der Entstehung der degenerativen Gelenkerkrankung eine Rolle spielt, wird dieser Bereich seit einiger Zeit verstärkt wissenschaftlich untersucht. Das bestätigt meine Erfahrungen als ehemals Betroffener und auch als Koch.

Medikamente sind bei Arthrose kurzfristig vertretbar, auf Dauer können sie aber keine zufriedenstellende Lösung darstellen. Die Nebenwirkungen sind einfach zu heftig. Auf der sicheren Seite sind Arthrose-Patientinnen und -Patienten dagegen auf jeden Fall mit einer Ernährungsumstellung. Eine frische, pflanzenbasierte Küche mit entzündungshemmenden Gewürzen und wenig tierischen Produkten ist in Kombination mit maßvoller Bewegung der Schlüssel für mehr Lebensqualität. Das habe ich am eigenen Leib erfahren. So können Sie einen Gelenkersatz deutlich hinausschieben oder sogar vermeiden. Das Ernährungs-Selbsthilfeprogramm steht dabei auf zwei Säulen:

1. Antientzündlich essen
2. Gewicht reduzieren

Krankheitsursache: stille Entzündungen

Bei der Entstehung von so gut wie jeder Erkrankung – das kann ein Typ-2-Diabetes oder Rheuma, aber auch Husten und Schnupfen sein – sind Entzündungsprozesse beteiligt. Man weiß, dass sich alle Organe und Gewebe dauerhaft entzünden können und so ganz unterschiedliche Krankheitsbilder hervorrufen. Zu den „Bösen", die Entzündungen im Körper anschieben, gehören die üblichen Verdächtigen wie Nikotin oder Alkohol. Aber auch zu viel Zucker ist ein Auslöser – er kann stille Entzündungen regelrecht „anfeuern". Das ist besonders tückisch. Denn es ist gar nicht so einfach, Zucker zu vermeiden, weil er sich in einer Vielzahl von Produkten versteckt: in Fertiggerichten wie Pizza, in Instant-Cappuccino, Fertigmüsli und Saucenbinder, in Salatdressing und auch in vielen Konserven. Ungünstige Fette sind die nächsten Kandidaten, die den Stoffwechsel und das Immunsystem aus dem Tritt bringen. Wer täglich Fleisch, Salami oder Wurstaufschnitt auf dem Teller hat oder grundsätzlich zu fett isst, schiebt Entzündungsprozesse richtig an. Diese verlaufen allerdings oft still. Wir bemerken sie lange nicht, weil sie äußerlich nicht zu erkennen sind. Bei einer akuten Entzündung ist das anders. Denken Sie zum Beispiel an einen Wespenstich und daran, wie das betroffene Gewebe anschwillt, sich rötet und erwärmt.
Dass die stillen chronischen Entzündungen unentdeckt bleiben, ist das eigentliche Problem: Das Immunsystem ist in Daueralarmbereitschaft. Irgendwann greift es sich selbst an oder zerstört körpereigene Strukturen. Bei der Arthrose ist das zum Beispiel die Schutzschicht, die sich zwischen den Knochen befindet: der Knorpel.

Was bei Arthrose passiert

Die Medizin sieht die Arthrose heute in erster Linie als chronische Entzündungskrankheit: Die Entzündungen beschleunigen den Knorpelabbau und die Schmerzen. Eine Arthrose entsteht, sobald der Knorpel geschädigt wird – das kann durch eine Sportverletzung ebenso geschehen wie durch eine Überlastung der Gelenke bei Gartenarbeiten. Stoffwechselstörungen, eine Infektion oder Entzündungsprozesse, die den Knorpel beeinträchtigen, fördern dann das Krankheitsgeschehen. Von der ersten Schädigung bis zur Arthrose vergehen oft

IN KÜRZE

Entzündungen im Körper können verschiedene Ursachen haben. Bestimmte Nahrungsmittel enthalten entzündungsfördernde Wirkstoffe. Trinkt oder isst man davon zu viel, richten sie im Körper Schaden an. Hierzu zählen u.a. Alkohol, tierische Produkte mit problematischen Fettsäuren (vor allem Schweinefleisch) oder auch zu viel Zucker und Weißmehl. Sie alle sind für uns entbehrlich und gehören nicht zu unseren Grundnahrungsmitteln, weil in ihnen nichts Wertvolles für unsere Gesundheit steckt. Im Gegenteil! Deshalb empfehlen Ärzte auch, bei stärkeren Beschwerden ganz auf sie zu verzichten oder sie nur sehr selten als Genussmittel zu verzehren. Auch zu wenig Bewegung, Schlafmangel und Stress sind ungesund, weil sie das Risiko für chronische Entzündungsprozesse fördern.

viele Jahre, ehe man den Knorpelschaden so richtig spürt. Schreitet der Knorpelverlust weiter fort, reibt irgendwann Knochen auf Knochen – und das tut extrem weh. Durch den Abrieb des geschädigten Knorpels, der sich nur begrenzt regenerieren kann, kommt es zu Reizungen und Entzündungen in der Gelenkinnenhaut – das treibt die Gelenkzerstörung weiter voran. Aufgrund der Schmerzen neigen viele dazu, ihre betroffenen Gelenke zu schonen, was dazu führt, dass der Knorpel schlechter durchblutet und weniger mit Nährstoffen versorgt wird. Dadurch verliert er noch schneller seine Schutzfunktion.

Wie Essen krank macht

Genauso, wie eine bewusste Ernährung den Entzündungsprozess zum Abklingen bringt, können bestimmte Nährstoffe oder Lebensmittel eine Entzündung regelrecht befeuern. Vor allem Inhaltsstoffe aus tierischen Produkten (z.B. aus Fleisch, Eiern und Milchprodukten) fördern Entzündungen. Aber auch in Obst, Gemüse und Hülsenfrüchten stecken Substanzen, die manche Menschen nicht gut vertragen. Man sollte also auch bei den vermeintlich gesunden Lebensmitteln genau hinschauen, ob sie einem wirklich helfen können oder einen bei Arthrose eher belasten. Einige Lebensmittel hingegen gehören ganz klar auf den Index. Das gilt im Übrigen nicht nur für diejenigen, die gelenkgesund essen möchten, sondern für alle, die sich gesund ernähren wollen:

▶ Problematische Fettsäuren

Im Übermaß und wenn sie nicht in einem ausbalancierten Verhältnis zu Omega-3-Fettsäuren vorliegen, fördern Omega-6-Fettsäuren Entzündungsprozesse. Eine davon ist die Arachidonsäure. Sie kommt in tierischen Produkten vor, also in Fleisch- und Wurstwaren (v.a. in Leber und Schweinefleisch) sowie in Eigelb, Milch, Käse und Sahne. Trotzdem sollte man Omega-6-Fettsäuren nicht komplett streichen, da sie für unsere Gesundheit in moderaten Mengen wichtig sind. Das ideale Verhältnis zwischen Omega-3- und Omega-6-Fettsäuren beträgt 5:1.
Auch Transfettsäuren fördern Entzündungen. Sie entstehen in erster Linie bei der industriellen Härtung von Pflanzenölen und stecken vor allem in Backwaren, Chips oder Fertigprodukten. Um diese Lebensmittel sollten Sie einen Bogen machen.

▶ Kuhmilch und Kuhmilchprodukte

Der Konsum von Kuhmilch, Käse, Quark und Joghurt sowie anderen Milcherzeugnissen wird seit einigen Jahren von Ernährungsmedizinern kritisch diskutiert. Milch ist unser erstes Nahrungsmittel, reich an Zucker und Fett sowie zahlreichen Vitaminen und Mineralstoffen, die wichtig für Knochen und Zähne sind. Trotzdem lassen aktuelle Forschungen bezweifeln, ob der Verzehr uneingeschränkt zu empfehlen ist, da ein zu hoher Konsum womöglich Entzündungsprozesse fördert. Ich selbst habe Milch schon seit langer Zeit von meinem Speiseplan gestrichen und ich muss sagen, es bekommt mir gut.

Fertigprodukte

Sie sind so beliebt, weil sie schnell und einfach zubereitet sind und zuverlässig immer gleich schmecken. Allerdings enthalten sie viel unnötiges „Gepäck“: Künstliche Zusatzstoffe und große Mengen an ungesunden Fetten, Zucker und Salz richten auf lange Sicht nur Schaden an. Oft gaukeln die Hersteller uns auch noch vor, wir hätten etwas Gesundes auf dem Teller. Dabei weiß man nur dann, was im Essen steckt, wenn man es selbst zubereitet hat.

Zucker und Süßgetränke

Zucker (z. B. Saccharose, Glukose und Fruktose) aus Brötchen, Nudeln, zuckerreichem Obst oder gesüßten Getränken gilt als entzündungsfördernd. Einige Studien belegen, dass zu viel Zucker das Mikrobiom im Darm schädigt. Außerdem springt nach Zuckerkonsum das Belohnungssystem in unserem Gehirn an und möchte mehr davon. Zucker hat also das Potenzial, süchtig zu machen.

Weizenprodukte und Gluten

Gluten als Bestandteil von Getreide kann Entzündungsprozesse im Dünndarm auslösen, vor allem bei einer bestehenden Glutenunverträglichkeit (Zöliakie) oder einer entzündlichen Darmerkrankung. Viele Menschen reagieren allerdings gar nicht unbedingt auf das Gluten im Getreide empfindlich, sondern auf die ebenfalls enthaltenen Fruktane – das sind vergärbare Mehrfachzucker wie zum Beispiel Inulin.

Lektine und Phytinsäure

Auch in Gemüse und Obst gibt es Wirkstoffe, die eher entzündungsfördernde Eigenschaften besitzen. Lektine aus Bohnen, Tomaten oder Weizen sowie Phytinsäure aus Getreide, Hülsenfrüchten oder Schwarztee können zum Beispiel kritisch werden.

Alkohol

Alkoholische Getränke beziehungsweise Ethanol sind potenziell entzündungsfördernd, vor allem Leber und Magen leiden darunter. Zudem enthalten Wein, Bier und Co. fast so viele Kalorien wie Fett, machen hungrig und damit langfristig dick.

Risikofaktor Übergewicht

Übergewicht ist doppelt ungünstig bei Arthrose, weil jedes Kilo zu viel die tragenden Gelenke belastet. Die Knie müssen dann nicht nur beim normalen Gehen das Mehrgewicht abfedern. Geht man eine Treppe hinunter, summiert sich die Belastung sogar noch. Außerdem wissen wir heute, dass das Bauchfett, das sich bei Überernährung um die inneren Organe anlagert, wie eine eigene Hormondrüse funktioniert. In den Fettzellen am Bauch (auch „viszerales Fett“ genannt) entstehen viele gesundheitsschädliche Stoffe, die Entzündungen fördern. Man nennt das dann eine „systemische“ Entzündung, die bei einer Arthrose eben auch den Knorpel schädigt. Der Hausarzt kann das bei einer Blutuntersuchung erkennen, wenn das C-reaktive Protein erhöht ist. Meist ist auch die Konzentration von Interleukin-1 und -6, Leptin und TNF (Tumornekrosefaktor) zu hoch. Diese Botenstoffe lassen den Blutdruck ansteigen und fördern unterschwellige Entzündungen. Auch das Risiko für bestimmte Tumorarten steigt.

Gestörte Darmflora durch Übergewicht

Hinzu kommt, dass sich die Zusammensetzung der Darmflora bei starkem Übergewicht verändert. Entzündungsfördernde Darmbakterien vermehren sich und befeuern die systemische Entzündung. Gesunde Bewohner des Mikrobioms wie etwa Bifidobakterien fehlen dagegen fast komplett. Das zeigte eine 2018 erschienene Untersuchung der Universität von Rochester. Die Forscher kamen zu dem Ergebnis, dass unverdauliche Präbiotika (beispielsweise aus Chicorée oder Artischocken; siehe Seite 36 f.) hilfreich sein können, um den entzündungsbedingten Knorpelabbau zu verlangsamen. Diese Präbiotika nähren die nützlichen Darmbakterien, die die schädlichen Bakterien verdrängen. So wird die Entzündung gelindert. Die Experten vermuten, dass ein gestörtes Mikrobiom die Wurzel von mehreren durch Übergewicht verursachten Folgeerkrankungen wie Typ-2-Diabetes, Herz-Kreislauf-Erkrankungen oder auch Arthrose sein könnte.

Das Rezept: pflanzenbasiert essen und abnehmen

Da wir unseren Lebensstil selbst bestimmen, kann jeder seine Arthrosebehandlung oder -vorbeugung aktiv mitgestalten, indem er oder sie – unterstützend zu anderen Therapien – die Ernährung umstellt und sich jeden Tag genügend bewegt.

Langfristig kommt es beim Essen gegen Arthrose darauf an, dass möglichst jede Mahlzeit immer genügend von den Nährstoffen enthält, die das Immunsystem und die Knorpel schützen und die Knochen stärken. So kann der Krankheitsverlauf deutlich verlangsamt und ein schmerzfreier Alltag ohne Medikamente möglich werden. Setzt man dabei auf eine pflanzenbasierte Kost mit wenigen oder gar keinen tierischen Produkten, ist man immer auf der sicheren Seite. Eine gelenkfreundliche Ernährungsumstellung sollte zwei Ziele verfolgen:

1. Antientzündlich essen

Wer vegan isst oder ovovegetarisch (also mit Eiern, aber ohne Milch und Milchprodukte), kann Entzündungen im Körper effektiv vorbeugen oder ein entzündliches Milieu an einem von Arthrose betroffenen Gelenk verbessern. Genussrezepte, mit denen Sie gesunde Wirkstoffe im natürlichen Verbund verzehren, finden Sie in diesem Buch ab Seite 44. Hier erfahren Sie bei jedem Gericht auch, ob es knochenstärkend, knorpelschützend oder besonders entzündungshemmend wirkt. Tipp: Schreiben Sie eine Woche lang alle Lebensmittel und Zutaten in jeder Mahlzeit wie auch in jedem energiereichen Getränk auf und beobachten Sie, wie gut Sie sie vertragen. Wenn Sie das Gefühl haben, etwas Bestimmtes bekommt Ihnen nicht oder fördert sogar Schmerzen, sollten Sie dies weglassen und mit Ihrem Arzt darüber sprechen.

2. Gewicht reduzieren

Jedes Kilo weniger entlastet unseren Körper und verringert den Verschleiß der betroffenen Gelenke. Wie Sie langfristig sicher abnehmen und Ihr Gewicht halten können, erfahren Sie ab Seite 32.

WIE VIEL BAUCH MUSS WEG?

Wer genau wissen will, wie viel Gewicht er loswerden muss, um sich wieder fitter und gesünder zu fühlen, der sollte Übergewicht nicht mehr in Kilo messen, sondern in Zentimetern. Die genaueste Methode, das eigene Krankheitsrisiko durch stoffwechselaktives, entzündungsauslösendes Bauchfett einzuschätzen, ist, Ihren Bauchumfang zu messen. So nehmen Sie richtig Maß:

- Messen Sie morgens vor dem Frühstück, nüchtern nach dem Toilettengang.
- Stellen Sie sich mit freiem Oberkörper aufrecht hin und atmen Sie aus (dabei wird der Bauch flacher); nicht bewusst den Bauch einziehen!
- Das Maßband legen Sie mittig ungefähr in Nabelhöhe um Ihren Bauch, dort wo er am dicksten ist.

Ein Risiko besteht bei Frauen ab 80, bei Männern ab 94 Zentimetern; es ist deutlich erhöht ab 88 beziehungsweise 102 Zentimetern. Es lohnt sich, den Bauchumfang schon frühzeitig zu reduzieren. Das schafft man mit einer Ernährungsweise wie in diesem Buch beschrieben langsam, aber sicher. Am besten messen Sie zur Kontrolle einmal wöchentlich, das motiviert auch dranzubleiben.

Es geht auch ohne Schmerzmittel

Wer sich wegen Nebenwirkungen von Schmerztabletten, synthetischen Entzündungshemmern und Kortison Sorgen macht, kann Entzündungen im Gelenk bis zu einem bestimmten Grad auch „wegessen". Das ist die gesündere und natürlichere Möglichkeit, Entzündungsprozesse und Schmerzen zum Abklingen zu bringen. Zahlreiche Inhaltsstoffe in Lebensmitteln können Entzündungen hemmen.

Durch das, was wir jeden Tag an Nahrung zu uns nehmen, haben wir ein unglaublich machtvolles Werkzeug in der Hand. Wir können uns damit schaden, wir können uns aber auch etwas richtig Gutes damit tun. Letztlich haben wir durch die richtige Ernährung sogar die Möglichkeit, uns gesund zu erhalten oder gar zu heilen. Sie können also jeden Tag morgens, mittags und abends die bewusste Entscheidung treffen, was Sie Gutes für sich tun. Was will man mehr? Und ich verspreche Ihnen aus eigener Erfahrung: Wenn Sie Ihre Ernährung auf antientzündlich umstellen, haben Sie sehr gute Chancen, dass es Ihnen schon bald besser geht und Ihre Gelenke weniger schmerzen.

Schmerzen einfach wegessen

Welche Lebensmittel Sie meiden sollten, wissen Sie nun. Jetzt geht es darum, wovon Sie ab sofort mehr zu sich nehmen sollten, damit Sie bald schmerzfrei sind. Hier die wichtigsten Lebensmittel, die viele entzündungshemmende Substanzen liefern:

- **zuckerarmes Obst** (v. a. Beeren und Zitrusfrüchte)
- **Gemüse** (v. a. grünes Blattgemüse und Kohl sowie Zwiebelgewächse)
- **Vollkornprodukte**
- **Samen und Ölsaaten** (v. a. Leinsamen, Leinöl und Rapsöl)
- **Nüsse** (v. a. Walnüsse)

Und wie funktioniert das?

Manche Substanzen in Lebensmitteln hemmen die Ausschüttung entzündungsfördernder Botenstoffe, andere regen die Ausschüttung entzündungshemmender Botenstoffe an. Zu Letzteren gehören beispielsweise die Omega-3-Fettsäuren. Wieder andere Inhaltsstoffe von Lebensmitteln wirken antioxidativ. Antioxidantien bieten Schutz gegen sogenannte freie Radikale. Diese Sauerstoffmoleküle bildet der Körper bei verschiedenen Stoffwechselprozessen selbst, sie entstehen aber auch durch schädliche äußere Einflüsse. Bei einer chronischen Entzündung erhöhen verschiedene Reaktionen in den Körperzellen den oxidativen Stress, was Krankheitsprozesse beschleunigt. Durch antioxidativ wirkende Substanzen können wir diesem Stress aktiv entgegenwirken. Dabei unterscheidet man wiederum zwischen direkt antioxidativ wirkenden Stoffen und solchen, die die körpereigenen Antioxidationssysteme anregen.

Antioxidatives Teamwork

Unser Körper hat ein gut funktionierendes Schutzsystem, um freie Radikale in Schach zu halten. Dabei wirken Antioxidantien in den meisten Fällen nicht einzeln, sondern immer im Zusammenspiel mit anderen. Das nennt man antioxidatives Netzwerk. Hierzu gehören einzelne Vitamine wie Vitamin C, E und B2 sowie Mineralstoffe und Spurenelemente wie Selen oder Zink.

Je nachdem, wo sie herkommen, teilen wir Antioxidantien in zwei Gruppen ein:

- **Endogene,** also im Körper gebildete (z. B. Enzyme, Hormone oder Stoffwechselprodukte)
- **Exogene,** von außen mit dem Essen aufgenommene (z. B. Inhaltsstoffe aus Gemüse, Leinsamen, Raps, Oliven oder Nüssen)

Antioxidantien aus der Nahrung sind zum Beispiel Vitamin C und E, Selen oder sekundäre Pflanzenstoffe wie Beta-Carotin aus gelb-orangefarbenem Gemüse und Obst, Resveratrol, Flavonoide, Lykopin aus Tomaten, Zeaxanthin aus Spinat oder Paprika sowie Allicin aus Knoblauch (siehe Seite 25). Deshalb sind pflanzliche Lebensmittel so wichtig auf einem entzündungshemmenden Speiseplan.
Andere Inhaltsstoffe aus Lebensmitteln beeinflussen an Entzündungsreaktionen beteiligte Immunzellen und Zytokine in ihrer Aktivität. Zytokine sind Eiweiße, die als Boten zwischen den einzelnen Zellen des Immunsystems arbeiten. Durch sie verständigen sich die an der Immunantwort beteiligten Zellen (z. B. Lymphozyten, Makrophagen) und stimmen sich im Kampf gegen Angriffe ab.

Die wichtigsten Entzündungshemmer

Dies sind die wichtigsten Nährstoffe oder Inhaltsstoffe aus Lebensmitteln, die Sie bei bereits bestehender Arthrose und auch zur Vorbeugung jeden Tag auf den Teller bringen können:

▶ Omega-3-Fettsäuren

Grundsätzlich sollte der Hauptbestandteil unserer täglichen Fettzufuhr aus pflanzlichen Ölen bestehen, die reich an einfach ungesättigten Fettsäuren sind, wie Olivenöl und Rapsöl. Für Arthrose-Patienten gilt das umso mehr. Wichtig sind dabei die mehrfach ungesättigten Fettsäuren wie Omega-3- und Omega-6-Fettsäuren. Sie sind besonders in Gehirn- und Nervenzellen in hohem Maß vorhanden und ein wichtiger Bestandteil der Augennetzhaut. Omega-6- und Omega-3-Fettsäuren sind die Ausgangssubstanzen für die Bildung von entzündungshemmenden Botenstoffen wie Eicosanoiden. Diese hormonähnlichen Verbindungen wirken im Körper wie Signalstoffe. So wird beispielsweise bei einer zu hohen Zufuhr der lebenswichtigen Omega-6-Fettsäure Arachidonsäure das Immunsystem aktiviert, vor allem wenn das Gegengewicht in Form von Omega-3-Fettsäuren fehlt. Es kann zu einer Überreaktion des Immunsystems kommen, bei der sich die Gelenke entzünden. Aus Omega-3-Fettsäuren hingegen entstehen entzündungshemmende Eicosanoide. Diese erweitern die Blutgefäße, verbessern die Fließeigenschaften des Blutes, senken Blutfette und Blutdruck. Außerdem können sie Entzündungsprozesse über die Bildung von Zytokinen (Interleukine, TNF-alpha) positiv beeinflussen. So reduzieren Omega-3-Fettsäuren das Risiko für Herz-Kreislauf-Erkrankungen und wirken positiv bei Gelenkbeschwerden. Neben der Arachidonsäure gibt es in der Gruppe der Omega-6-Fettsäuren auch die Linolsäure. Aus dieser essenziellen Fettsäure kann der Körper weitere wichtige Omega-6-Fettsäuren bilden. Ein weiterer Vorteil dabei ist, dass bei der Verarbeitung Gamma-Linolensäure entsteht, die ebenfalls entzündungshemmend wirkt. Beide Fettsäurearten sind also wichtig (Omega-6-Fettsäuren z. B. für das Wachstum oder zur Infektionsabwehr), sie sollten aber in einem für den Körper optimalen Verhältnis konsumiert werden. Dieses erreichen Sie durch eine pflanzenbasierte Ernährung mit gesunden Fetten aus Raps, Lein oder Hanf.

WAS IST DER OMEGA-3-INDEX?

Der Omega-3-Index ist ein Parameter für den Gehalt an den Omega-3-Fettsäuren Eicosapentaensäure (EPA) und Docosahexaensäure (DHA) in den roten Blutkörperchen (Erythrozyten). Er kann zuverlässig Auskunft über den langfristigen Versorgungsstatus mit langkettigen Omega-3-Fettsäuren geben. Auch der Wert der Omega-6-Fettsäuren im Blut lässt sich dabei ermitteln.
Die Bestimmung erfolgt durch eine Blutprobe aus dem Finger, ähnlich wie bei einem Zuckertest. Man kann den Test zu Hause machen oder den Wert in der Apotheke bestimmen lassen. Hierbei handelt es sich um eine individuelle Gesundheitsleistung (IGEL), die meist zwischen 50 und 60 Euro kostet.

▶ Sekundäre Pflanzenstoffe

Sie sind reichlich in Gemüse und Obst, aber in auch Hülsenfrüchten, Nüssen oder Vollkorngetreide enthalten und dienen eigentlich dazu, die Pflanzen vor Fressfeinden zu schützen. Einige von ihnen wirken positiv auf die Gesundheit und besitzen antientzündliche Eigenschaften. In der Regel sind sie in Nahrungsmitteln in Kleinstmengen enthalten. Deshalb kommt es nicht so sehr darauf an, einzelne Lebensmittel in großen Mengen zu verzehren. Viel wichtiger ist es, möglichst viele verschiedene Gemüse und Früchte auf dem Teller zu haben. Insgesamt gibt es vermutlich über 250 000 Stoffe, die einzelnen Gruppen zugeordnet werden. Allein zur Gruppe der antientzündlich wirksamen Flavonoide gehören über 8000 Substanzen. Als besonders potente Entzündungshemmer gelten hier Anthocyane, Flavanole und Flavonole. Auch Vertreter der Sulfide, Senfölglykoside (Glucosinolate) und Phenolsäuren sind nachweislich entzündungshemmend. Einzelne bekannte Stoffe mit hohem antientzündlichem Potenzial sind Curcumin, Resveratrol, Capsaicin, Bromelain oder Quercetin (siehe Übersicht rechte Seite). Die meisten von ihnen beeinflussen Entzündungsprozesse über ihre antioxidativen Eigenschaften. Dazu gehören auch die ätherischen Öle in Kräutern und Gewürzen.

▶ Dreamteam Ballaststoffe und Probiotika

Probiotika sind darmgünstige Bakterien, die in fermentierten Lebensmitteln wie Kimchi (Chinakohl), Sauerkraut, Kombucha, Joghurt oder Kefir stecken. Sie beeinflussen Entzündungsprozesse vor allem, indem sie Ballaststoffe in kurzkettige Fettsäuren abbauen. Diese senken den pH-Wert im Darm und mindern so Entzündungen und oxidativen Stress. Außerdem bremsen die Fettsäuren die Bildung und Freisetzung von entzündungsfördernden Botenstoffen wie TNF-alpha oder verschiedener Interleukine.

▶ Vitamine und Mineralstoffe

Einige dieser Substanzen besitzen ein antioxidatives Potenzial und greifen so mildernd in ein Entzündungsgeschehen ein. Hier tun sich besonders die Vitamine A, C, D und E hervor. Während die Vitamine A, C und E in erster Linie antioxidativ wirken, stärkt Vitamin D vor allem das Immunsystem. Vitamin C ist auch beteiligt am Aufbau von Knochen und Knorpeln. Unter den Mineralien sind Magnesium, bei den Spurenelementen Zink, Selen und Kupfer bedeutsam.

▶ Noch mehr Helfer

Die Aminosäure Phenylalanin (z. B. aus Lachs, Walnüssen oder Kürbiskernen) verzögert den Abbau der Enkephaline im Gehirn. Diese spielen beim Schmerzempfinden eine wichtige Rolle und wirken auf diesem Wege entzündungshemmend. Kapseln mit Chondroitin und Glukosamin sollen in entzündeten Gelenken Schmerzen und Schwellungen reduzieren. Das liegt womöglich daran, dass sie die Wirkung körpereigener Botenstoffe mindern, die Entzündungen im Gelenk fördern oder aufrechterhalten. Wissenschaftliche Untersuchungen kommen jedoch zu widersprüchlichen Ergebnissen.

ANTIENTZÜNDLICHE ERNÄHRUNGSFORMEN

Neben einzelnen Inhaltsstoffen bringt man heute auch bestimmte Ernährungsweisen oder -formen mit entzündungshemmenden Wirkungen in Verbindung:

- In einigen Studien zeigte sich eine hemmende Wirkung des **Intervallfastens** auf unterschiedliche Entzündungsfaktoren (siehe auch Seite 34 f.).
- Die **mediterrane Ernährungsweise,** die vorwiegend pflanzenbasiert, zuckerarm und ballaststoffreich ist sowie mit wertvollen Fetten aus Oliven und Seefisch und wenig Fleisch punktet, scheint auch einen entzündungshemmenden Einfluss auszuüben.
- Eine **vegane, zuckerarme Ernährung** ist reich an Entzündungshemmern.

Entzündungshemmer auf einen Blick

Einige der wirksamsten Waffen gegen Entzündungen und Gelenkschmerzen stecken in Gemüse und Früchten, Pflanzenölen, Kräutern und Gewürzen. Es handelt sich dabei um bestimmte Vitamine, Mineralstoffe und Spurenelemente, bioaktive Pflanzenstoffe und Fettsäuren, die in der gesunden Kombi nur beim Selbstkochen auf den Teller kommen. Das bringt keine Kapsel und kein Nahrungsergänzungsmittel!

Vitamin C (Ascorbinsäure)

in: Obst und Gemüse, vor allem in Paprikaschoten, Brokkoli, Rosenkohl, Gartenkresse, Grünkohl, Fenchel, Sanddorn, Hagebutten, Kiwi, Schwarzen Johannisbeeren, Petersilie, Zitrusfrüchten

Vitamin E (Tocopherole, Tocotrienole)

in: Pflanzenölen, vor allem in Weizenkeimöl (nur für die kalte Küche!), Olivenöl, Soja- und Rapsöl

Polyphenole (Resveratrol, Flavonoide, Anthocyane)

in: rotem/blauem/violettem Obst wie Blaubeeren, Brombeeren, Erdbeeren, Himbeeren, Äpfeln, Pflaumen, Süßkirschen, Granatäpfeln, Kirschen;
in Gemüse wie Artischocken, Chicorée, roten Zwiebeln, Spinat;
Haselnüssen, Walnüssen, Mandeln, Pekannüssen;
Oliven(öl), Soja;
schwarzem und grünem Tee, Kaffee (ohne Milch!), rohem Kakao, Rotwein;
Gewürznelken, Sternanis, getrockneter Pfefferminze

Carotinoide (Lycopin; Beta-Carotin = Lebensmittelfarbstoff E 160 a)

in: Süßkartoffeln, Kürbis, Roter Bete, Melonen, Tomaten, Papaya, aber auch Spinat, Grünkohl, Brokkoli, dunkelgrünem Blattgemüse

Bromelain

in: Ananas

Curcumin (Lebensmittelfarbstoff E 100)

in: Currypulver, Kurkuma (Gelbwurz)

Capsaicin

in: Chili- und Paprikaschoten, Cayennepfeffer

Galaktolipide

in: Hagebutten (ganze Frucht als Pulver oder Mark, nicht im Hagebuttentee)

Monoterpene (Campher, Iridoide)

in: ätherischen Ölen beispielsweise von Kampferbaum oder Teufelskrallenwurzel

Omega-3-Fettsäuren

in: Leinöl, Hanföl, Walnussöl, Rapsöl;
ALA: in Walnussöl, Rapsöl; Leinsamen, Walnüsse
DHA, EPA: in fettem Seefisch wie Lachs, Hering, Makrele, Sardine; Mikroalgen

Sulfide

in: Knoblauch und Zwiebeln

Mineralstoffe und Spurenelemente (Magnesium, Zink, Eisen, Selen)

in: dunklem Kakaopulver (Raw Kakao), Hülsenfrüchten, Mandeln, Sesamsamen, Vollkorn, Kürbiskernen, dunkelgrünem Blattgemüse, Beeren, Lachs

So wird Ihr Essen zur Medizin

Wer sich bei Arthrose richtig ernährt, braucht weniger bis gar keine Medikamente. In frischen, qualitativ hochwertigen und vor allem pflanzlichen Lebensmitteln finden sich zahlreiche antientzündliche Inhaltsstoffe. Ersetzen Sie bei Ihrer Anti-Schmerz-Ernährung deshalb Schnitzel und Co. durch leckere „grüne“ Alternativen.

Versuchen Sie, den Verzehr der entzündungsfördernden Lebensmittel (siehe ab Seite 22) einzuschränken und sie nach und nach komplett wegzulassen. Wenn Sie sie durch bessere – das heißt antientzündliche – Lebensmittel und Zutaten in Ihrer Küche ersetzen, werden Sie sie auch kaum vermissen. Setzen Sie bewusst auf Gemüse, hochwertiges Pflanzeneiweiß, zuckerarmes Obst und gesunde Pflanzenöle. Die gute Nachricht: Kaum eine Küche ist vielseitiger, aromatischer und leckerer als die pflanzliche!

Gemüse, Pilze und Obst
Gemüse und Obst sind reich an Vitaminen, Mineral- und sekundären Pflanzenstoffen. Wie Pilze sind manche von ihnen zudem auch noch eine gute Quelle für Ballaststoffe. Hülsenfrüchte nehmen unter den Gemüsen eine Sonderstellung ein: Bohnen, Linsen und Co. haben nicht nur jede Menge hochwertiges Pflanzeneiweiß, sondern auch Ballaststoffe für ein gesundes Mikrobiom zu bieten.

3-mal 2 Handvoll Gemüse pro Tag (ca. 250 g):
Ideal sind alle Salate, Gurke, Grünkohl, Fenchel, Artischocken, Hülsenfrüchte, Möhren, Pak Choi, Spinat, Zucchini, alle Kohlarten, Sauerkraut, Spargel, alle Pilze.

1 große Handvoll Obst pro Tag (ca. 175 g):
Empfehlenswert sind alle zuckerarmen Obstsorten (Himbeeren, Blaubeeren, Johannisbeeren, Erdbeeren, Brombeeren, Grapefruits, Zitronen, Aprikosen, Avocado, Papaya, Wassermelone, Guave oder Kaktusfeigen) und **in Maßen** zuckerreiche Sorten: Banane, Kaki (Sharon), Weintrauben, Süßkirsche, Ananas, Mango, Honigmelone und Birne.

Besser nicht: zu viel Fruchtzucker (Bananen, gezuckerte Obstkonserven, kandiertes Trockenobst).

KRÄUTER UND GEWÜRZE

Diese Zutaten sind schon in geringen Mengen reich an entzündungshemmenden Inhaltsstoffen, vor allem in Form der antioxidativ wirksamen ätherischen Öle. Die regelmäßige Zufuhr und die Kombination verschiedener Kräuter und Gewürze können bei Arthrose durchaus positive Effekte erzielen (siehe Seite 25 und die Tipps bei den Rezepten). Legendär bei Arthrose ist die Anti-Schmerz-Mischung aus Kreuzkümmel, Muskatnuss und Koriandersamen (siehe Seite 30). Aber auch Dill, Pfefferminze und Basilikum haben einiges an antientzündlichem Potenzial zu bieten, ebenso wie Brennnessel, Salbei oder Thymian.

Eier und Milchprodukte (Probiotika)

Fermentierte beziehungsweise gesäuerte Milchprodukte fördern im Dickdarm „gute“ Darmbakterien und stärken damit ein antientzündliches Mikrobiom.

Eier: max. 2 bis 3 pro Woche.

Maximal 100 g pro Woche: Milch (1,5 % Fett), Buttermilch, Speisequark (bis 20 % Fett), Naturjoghurt (1,5 % Fett); **selten:** Sahne, saure Sahne, Crème fraîche; Käse (max. 45 % Fett i. Tr.): Schnittkäse, Weichkäse, Fetakäse, Mozzarella, Hüttenkäse.

Nüsse und Samen

Sie enthalten hochwertiges Pflanzeneiweiß, viele ungesättigte Fettsäuren, wertvolle Ballaststoffe sowie die antioxidativ wirkenden Mineralstoffe und Spurenelemente Magnesium, Selen und Zink. So viele hochwirksame Nährstoffe auf kleinstem Raum findet man in kaum einem anderen Lebensmittel.

1 kleine Handvoll pro Tag (ca. 20 g):
Mandeln, Walnüsse, Haselnüsse, Cashewnüsse, Macadamianüsse, Pinienkerne, Kürbiskerne, Leinsamen, Chiasamen; **in Maßen:** Sonnenblumenkerne.

Besser nicht: Erdnüsse (gehören zu den Hülsenfrüchten und hinterlassen Harnsäure als Stoffwechselprodukt), gesalzene Nusskerne (zu viel Salz schädigt das Mikrobiom).

Pflanzenöle

Das antientzündliche Potenzial von Pflanzenölen betrifft vor allem das Verhältnis von Omega-6- zu Omega-3-Fettsäuren. Außerdem enthalten die meisten Pflanzenöle reichlich Vitamin E.

Etwa 2 EL pro Tag: Leinöl, Weizenkeimöl, Hanföl, geröstetes Sesamöl, Olivenöl, Rapsöl, Walnussöl; zum Braten: natives Kokosöl; Bio- / Heumilchbutter.

Besser nicht: Sonnenblumenöl, Distelöl, Palmfett, Schmalz (Schweine- und Gänseschmalz).

Getreide, Brot und Beilagen

Getreidekörner enthalten entzündungsfördernde, aber auch antioxidativ wirksame Substanzen wie Selen und Magnesium. Die entzündungsfördernden Substanzen sind nicht direkt wirksam, sondern gelten eher als auslösend. Bei manchen Menschen können sich diese Faktoren negativ auf das Krank-

heitsbild auswirken. In diesen Fällen ist ein Weglassen und/oder Austesten einzelner Nahrungsmittel und Produkte ratsam.
Auch hier gilt: Der Gehalt an entzündlichen Stoffen kann durch bestimmte Zubereitungs- und Verarbeitungsmethoden verringert werden. Hierzu zählt die Sauerteigführung beim Brotbacken oder auch das Einweichen und Keimen von Getreide.

2 handtellergroße Portionen pro Tag (ca. 80 g):
Ideal sind Vollkornbrot, Haferflocken, Müsli ohne Zuckerzusatz, Vollkornreis, Pellkartoffeln.

Besser nicht: Weißbrot, Toastbrot, Croissant, Zwieback, Knäckebrot, Weizen- und Milchbrötchen, Laugengebäck; Hartweizennudeln, geschälter Reis, Pommes, Kroketten, Kartoffelbrei, Pfannkuchen, Kartoffelpuffer.

Fisch
Die entzündungshemmenden Omega-3-Fettsäuren stecken besonders in fettem Seefisch, am besten aus Wildfang (siehe Kasten).

2 Portionen pro Woche (à ca. 100 g):
Ideal sind Bach- und Regenbogenforelle, Grönland-Heilbutt, Hering, Atlantik-Kabeljau, Karpfen, Pazifik-Lachs, Seesaibling, Europäische Sardellen, Kap-Seehecht, Kaisergranat, Eismeergarnelen.

Besser nicht: Fisch in Kombination mit ungesunden Fetten oder Zucker/Stärke (in Mayonnaise oder Sahne eingelegt; paniert).

Fleisch
In kleinen Mengen kann Fleisch ein wertvolles Nahrungsmittel sein. Dabei spielen Aufzucht und Fütterung eine große Rolle: Fleisch von Tieren aus Weidehaltung weist ein besseres Fettsäuremuster auf (mehr Omega-3- und weniger Omega-6-Fettsäuren). Auch Wildfleisch liefert nennenswerte Mengen an entzündungshemmenden Fettsäuren.

1 bis 2 Portionen pro Woche (bis 100 g):
Hühnerfleisch, Putenfleisch oder -aufschnitt (ohne Pökelsalz); **selten:** Rinderfilet, Kalbfleisch oder Wild.

Besser nicht: Schweinefleisch, Wurstwaren aller Art; paniertes Fleisch

QUALITÄT VOR QUANTITÄT

Frischer Fisch ist aus gesundheitlicher Sicht ein großartiges Lebensmittel, nachhaltig ist sein Verzehr aber selten. Achten Sie daher beim Fischkauf unbedingt auf die Herkunft und auf entsprechende Gütesiegel! Auch beim Kauf von Tiefkühlfisch. Nachhaltige Fangmethoden sind notwendig, um sicherzustellen, dass auch die nächste Generation noch ausreichend Frischfisch auf den Teller bekommen kann. Die beste Wahl ist frischer Fisch aus ökologischer Zucht oder Aquakultur, ansonsten bitte immer auf eine entsprechende Zertifizierung achten (siehe Seite 64).

Wozu wir Kalzium brauchen

Bei Arthrose sind häufig die Knochen in Gelenknähe geschädigt. Damit Knochen stark und stabil bleiben, benötigen sie eine optimale Versorgung mit dem Mineralstoff Kalzium: Die Deutsche Gesellschaft für Ernährung (DGE) empfiehlt gesunden Erwachsene täglich etwa 1000 mg.

Bei Kalzium denken viele zwar zunächst an Milch und Käse, aber auch einige pflanzliche Lebensmittel sind durchaus kalziumreich. Beim Gemüse punkten vor allem Brokkoli und Grünkohl. 100 g Sesamsamen bringen es auf „satte" 780 mg. Für die tägliche Kalziumversorgung kann daneben ein kalziumangereichertes Mineralwasser (manche enthalten über 400 mg pro l) sehr hilfreich sein. Vergleichen Sie beim Einkauf mal ganz bewusst die Kalziumgehalte.

Knochenbaustoff Kalzium

Wenn Sie die Kalziumaufnahme und den Einbau in die Knochen fördern möchten, sollten Sie nicht nur kalziumhaltige Lebensmittel essen, sondern auch auf eine gute Vitamin-D-Versorgung achten. Denn dieses Vitamin hilft bei der Aufnahme von Kalzium im Darm. Damit der Körper Vitamin D selbst herstellen kann, sollten Sie sich mindestens 30 Minuten pro Tag im Sonnenlicht aufhalten. Beim Arzt können Sie prüfen lassen, wie es um Ihren Vitamin-D-Spiegel bestellt ist. Falls er zu niedrig ist, kann der Arzt Ihnen sinnvolle Vitamin-D-Präparate verschreiben. Das ist insbesondere in den Monaten mit wenigen Sonnenstunden pro Tag empfehlenswert.

Das hemmt die Kalziumaufnahme

Während die Vitamine D und K die Kalziumaufnahme in die Knochen fördern, kann die Aufnahme von bestimmten Ballaststoffen aus Getreide, von Salz oder Koffein den Knochenaufbau bremsen. Auch Nahrungsmittel mit Oxalsäure sind Kalziumräuber wie beispielsweise Rote Bete, Schokolade oder Spinat. Allerdings gelingt es, durch Kochen, Garen und Dünsten den Oxalgehalt deutlich zu reduzieren. Ganz meiden lassen sich die „Räuber" nicht, deshalb immer auf eine ausreichende Kalziumzufuhr achten!

FUNKTIONEN IM KÖRPER

- Kalzium bildet die harte Substanz von Knochengewebe und Zähnen.
- Es wird in den Knochen „gespeichert" und wirkt so stützend für das Skelett.
- Im Blut ist Kalzium auch an der Blutgerinnung, als hormon- oder enzymaktivierende Substanz und an der neuromuskulären Erregbarkeit beteiligt.
- Außerdem stabilisiert Kalzium sämtliche Zellmembranen im Körper.

Die Küche als Hausapotheke

Essen ist die beste Medizin. In manchen – vor allem pflanzlichen – Lebensmitteln und Gewürzen steckt weit mehr als nur guter Geschmack. Sie wirken positiv auf die Gesundheit und helfen, bei Arthrose Beschwerden und Schmerzen zu lindern. Hier sind die Favoriten, die in Ihrer Küche nicht fehlen sollten.

HAGEBUTTE

Die rote Frucht aus der Familie der Rosengewächse enthält sogenannte Galaktolipide, die Studien zufolge den Knorpelabbau und Entzündungen hemmen können. Gegen den Schmerz helfen täglich 5 g Hagebuttenpulver aus den Samen und Schalen der Frucht (erhältlich in Reformhaus oder Apotheke).

ANTI-SCHMERZ-GEWÜRZMISCHUNG

Eine Mischung aus Kreuzkümmel (Cumin), gemahlenem Koriander und geriebener Muskatnuss in gleichen Teilen lindert bei 80 % der Arthrose-Patienten die Beschwerden. Viele können mit ihrer Hilfe sogar die Dosierung der Schmerzmedikamente reduzieren. Die Wirkstoffe der Gewürze sollen die Durchblutung der Gelenkschleimhaut verbessern. Dosierung: jeweils 1 Msp. Gewürz-Mix täglich 1- bis 2-mal mit Wasser einnehmen.

SESAMSAMEN

Die kleinen gelben Körnchen tun dem ganzen Skelett gut, denn sie enthalten reichlich knochenschützendes Kalzium (siehe Seite 29). Der Mineralstoff steckt noch in weiteren Pflanzen und ist aus diesen Quellen verträglicher als aus der Milch. Gute Kalziumlieferanten sind dunkelgrünes Blattgemüse, Wildkräuter und Hülsenfrüchte. Trockenfrüchte (Dörrpflaumen), Samen, Nüsse und Pseudogetreide (Amarant, Quinoa, Hirse) liefern sogar bis zu 500 mg Kalzium pro 100 g.

HIRSE

Sie ist vor allem bei Menschen mit Gluten-Intoleranz beliebt, aber auch für Arthrose-Patienten ein Geheimtipp. Denn in Hirse steckt viel Kieselsäure (Silizium), die knorpelstabilisierend wirkt. Der Mineralstoff findet sich ebenso in Hafer, Naturreis oder Topinambur. Allerdings kommt es weniger auf die Menge an Silizium im Lebensmittel an. Entscheidend ist, wie gut der Körper es verwerten kann. Die beste Quelle sind Getränke, da Silizium hier in Form der wasserlöslichen Kieselsäure vorliegt, die unser Körper am besten aufnehmen kann. Aus Schachtelhalm- oder Brennnesseltee verwertet er 60 bis 80 % der darin befindlichen Kieselsäure, aus Getreide etwa 50 % und aus Gemüse und Obst etwa 20 %. Auch hier gibt es große Unterschiede: Silizium aus grünen Bohnen kommt zu 44 % im Körper an, aus Bananen jedoch nur zu 3 %.

ZWIEBEL, LAUCH UND CO.

Die Zwiebel ist eine der beliebtesten Gemüsesorten und hat sich als Heilpflanze bewährt. Sie ist ebenso wie Lauch und Knoblauch reich an entzündungshemmemden Schwefelverbindungen (Diallylsulfid), die sich in einer englischen Untersuchung als hilfreich vor allem bei Hüftarthrose zeigten. Auch die Darmflora profitiert von den präbiotischen Inhaltsstoffen des Zwiebelgemüses. Daneben ist ihr Gehalt an zellschützendem Vitamin C beträchtlich. Das gilt auch für andere Vertreter der Zwiebelfamilie.

DÖRRPFLAUMEN

Studien haben gezeigt: Der regelmäßige Verzehr von Dörrpflaumen hemmt den Knochenabbau. Man vermutet, dass die Wirkung auf den hohen Polyphenolgehalt zurückzuführen sein könnte. Polyphenole wirken entzündungshemmend und verhindern Fettablagerungen in Gefäßen. Das ebenfalls enthaltene Ultra-Spurenelement Bor fördert die Knochengesundheit, indem es die Ausscheidung von Mineralstoffen wie Kalzium und Magnesium herabsetzt. Daneben verstärkt Bor die Wirkung von Vitamin D. Dörrpflaumen punkten außerdem mit einem hohen Vitamin-K- und Mangan-Gehalt: Beides unterstützt den Erhalt normaler Knochen.

Abnehmen schont die Gelenke

Schmerzen bei Arthrose lassen sich nicht nur reduzieren, indem man bestimmte Lebensmittel weglässt und andere bevorzugt. Genauso wichtig ist es, Übergewicht abzubauen, das die Gelenke belastet, und danach bei der Ernährung den Aufbau von Fettzellen zu vermeiden. Denn Fettzellen produzieren ständig entzündungsfördernde Stoffe. Der beste Weg: eine fett- und kalorienarme Ernährung.

Heute gibt es mehr als hundert Methoden, wie man überflüssigen Pfunden zu Leibe rücken kann. Trotzdem funktionieren nicht alle, und wenn sie funktionieren, dann nicht bei jedem. Selbst wenn man kürzer treten will, weil es der Gesundheit dient, braucht man dazu nicht nur Selbstdisziplin. Eine Ernährung, die einen schlanker macht, sollte gut schmecken, satt machen und in den eigenen Alltag passen, sodass man sie gerne für immer beibehält.

Das macht eine gesunde Diät aus:

- Sie ist abwechslungsreich, macht satt und schmeckt.
- Sie kennt keine Verbote.
- Sie berücksichtigt persönliche Vorlieben und Abneigungen.
- Sie verringert das Gewicht Schritt für Schritt.
- Sie vermittelt einen neuen Ess- und Lebensstil, den man auf Dauer beibehalten kann.

Eine langfristige Gewichtsabnahme erreichen Sie am einfachsten, wenn Sie Ihre Ernährung auf eine pflanzenbetonte Kost umstellen. Besonders für Arthrose-Patienten eignet sich so eine „Diät" zum Abnehmen und als gesunde Dauerernährung – und das, ohne Kalorien zählen zu müssen. Hilfreich sind auch kurze Fastenphasen (siehe Seite 34 f.).

Pflanzenbasiert und gelenkschützend essen

Während Veganer bei einer rein pflanzlichen Ernährungsweise alle (!) tierischen Produkte weglassen, reduzieren (!) Flexitarier Eier, Milchprodukte, Fleisch und Fisch, lassen diese aber nicht ganz weg. Wer flexitarisch isst (abgeleitet aus dem Englischen: flexitarian = flexible + vegetarian), genießt sehr bewusst, beispielsweise kommen Fleisch oder Fisch nur zwei- oder dreimal pro Woche auf den Tisch. Damit folgen sie den Empfehlungen der DGE: pro Woche 300 bis 600 g Fleisch. Dieses sollte nic ht verarbeitet sein, also weder gesalzen, gepökelt, geräuchert noch fermentiert (wie bei Salami, Schinken oder Würstchen). Auch sollte weißem Fleisch (Geflügel) der Vorzug vor rotem Fleisch gegeben werden, da Letzteres womöglich krebserregend ist. Außerdem sind die verwendeten Lebensmittel in der Regel sehr hochwertig, häufig in Bio-Qualität oder vom Bauernmarkt. Das Fleisch stammt aus artgerechter Haltung, beim Fischkauf wird darauf geachtet, der Überfischung der Meere entgegenzuwirken. Generell orientiert sich der Speiseplan eines Flexitariers mit reichlich Gemüse, Getreide, Obst, Nüssen sowie Hülsenfrüchten eher an dem eines Vegetariers. Milch, Milchprodukte und Eier sollten in gesundem Maß verzehrt werden.

VEGANER

Wer sich völlig frei von tierischen Produkten ernährt, kann trotzdem ausreichend Protein aufnehmen. Höchstens bei der Aminosäure Lysin ist eine kritische Versorgung möglich. Lysinreiche Lebensmittel wie Hülsenfrüchte, Quinoa oder Amarant sind hier hilfreich.

Einfache Grundsätze für den Alltag
Genaue Regeln gibt es bei dieser Ernährungsweise, die stark der gesunden Mittelmeerküche ähnelt, keine. Grundsätzlich gilt: Versuchen Sie, mehr pflanzliche Lebensmittel in die tägliche Ernährung einzubauen. Und im Allgemeinen naturbelassene Nahrungsmittel anstatt raffinierte und stark verarbeitete Produkte zu bevorzugen – damit vermeidet man automatisch einen Großteil der kritischen Fertigprodukte. Echte No-Gos sind weißer Zucker, Süßigkeiten, Industriebackwaren oder Fleisch und Wurstwaren aus Massentierhaltung.

Vegetarisch essen, leichter abnehmen

Will man mit pflanzenbasierter Ernährung abnehmen, ist es wie bei Mischkost wichtig, dass man mehr Energie verbraucht, als man zu sich nimmt. Das erreicht man am besten, indem man sich zu den Hauptmahlzeiten gut satt isst, mit viel ballaststoffreichem Gemüse, der individuell passenden Eiweißmenge und gesunden Pflanzenölen.

Genießen erlaubt
Alle Rezepte in diesem Buch sind für die besonderen Bedürfnisse von Arthrose-Patienten zusammengestellt. Sie finden Frühstücke, kleine Gerichte und Snacks sowie viele Hauptmahlzeiten. Als Extra gibt es auch ein paar leckere Desserts, bei denen wir ein bisschen an der Zuckerschraube gedreht haben, sodass Sie beim Abnehmen auch mit gutem Gewissen Süßes genießen können.

So geht's:
▶ Sie wählen für jeden Tag aus dem Rezeptteil **drei Gerichte** aus und halten dazwischen jeweils 4 bis 5 Stunden Esspause ein.

▶ **Gemüse, Obst und gesunde Fette** sollten bei jeder Mahlzeit auf den Tisch. Empfohlen werden mindestens 400 g Gemüse, maximal 200 g Obst. Statt Früchten können Sie auch mehr „Grünes" essen, aber nicht andersherum, weil Obst oft sehr viel Fruchtzucker enthält.

▶ **Eiweiß:** Essen Sie täglich 0,8 bis 1 g Protein pro kg Körpergewicht – gleichmäßig verteilt auf die Hauptmahlzeiten. Wer über 65 Jahre alt ist oder sich ganz vegetarisch ernährt, sollte eher auf 1 g gehen – wegen der schwächeren Bioverfügbarkeit von Pflanzeneiweiß beziehungsweise des höheren Bedarfs. Vegetarier und Veganer setzen dabei auf Hülsenfrüchte (z. B. Bohnen, Linsen, Kichererbsen, Lupinen und Tofu, Tempeh oder Sojaghurt), Getreide, Nüsse, Samen und Saaten sowie Algen.

▶ **Kohlenhydrate:** Sättigungsbeilagen wie Brot, Kartoffeln, Pasta und Reis sollten nur in kleineren Mengen auf dem Teller landen oder vorgekocht, sodass sich resistente Stärke (siehe Seite 37) bilden konnte. Blatt- und Fruchtgemüse sind ein Muss, Wurzel- und Knollengemüse ein Kann. Bei Getreideprodukten sollte man möglichst die ballaststoffreichen Vollkornvarianten wählen.

▶ **Hilfreiche Faustregel:** Morgens, mittags und abends sollten auf jedem Teller immer knapp die Hälfte für volumenreiche Gemüse und Salate reserviert sein, etwa ein Drittel für eiweißreiche Zutaten und die restlichen 20 bis 30 % für Kohlenhydrate aus Brot, Vollkornnudeln, Naturreis und Kartoffeln. Das Ganze in Kombination mit hochwertigen Pflanzenölen, Nüssen und Saaten.

▶ Wenn Sie sicher abnehmen möchten, sollten Sie Gebäck und Süßspeisen sowie zuckerhaltige Getränke auf eine **Gesamtzuckermenge** von 25 bis 50 g pro Tag beschränken. **Alkoholische Getränke** wie Wein oder Bier entweder ganz streichen oder nur höchstens 20 g pro Tag genießen.

▶ Jeder Mensch braucht etwa 30 ml **Flüssigkeit** pro kg Körpergewicht pro Tag. Bei Sport und Hitze können es auch 500 ml mehr sein. Flüssigkeit füllt den Magen, sättigt und hilft dem Stoffwechsel und der Verdauung. Tipp: Durst wird vom Gehirn gern mit Appetit verwechselt. Deshalb ist es hilfreich, regelmäßig zu trinken – am besten kalziumreiches Mineralwasser.

Abnehmhelfer Intervallfasten

Esspausen sind eines der einfachsten Hilfsmittel, um sein Gewicht zu regulieren. Ich persönlich gehe einmal im Jahr zum Heilfasten, um meinen Körper zu entlasten und mir Ruhe zu gönnen. Das Pausemachen steckt im biologischen Programm unseres Stoffwechsels. Suchen Sie sich die Methode aus, die am besten zu Ihnen passt, und pflegen Sie sie dauerhaft!

Während der Fastenphase – das können auch ganz kurze Pausen von 4 bis 5 Stunden zwischen den Mahlzeiten sein – nutzt der Körper seine Fettreserven und die Zuckerspeicher in der Leber und den Muskeln, um Energie zu gewinnen. Im Gegensatz zu anderen Fastenformen kann und soll das Intervallfasten als Langzeiternährungsform „gelebt" werden. Der Intervallfasten-Forscher und Chefarzt der Abteilung Naturheilkunde an der Berliner Charité, Prof. Dr. med. Andreas Michalsen, ist überzeugt davon, dass man Intervallfasten im Alltag leichter und länger durchhalten kann als eine Kalorienspar-Diät. Außerdem weiß man heute, dass Fasten in Intervallen zahlreiche positive gesundheitsfördernde Wirkungen hat. Dazu gehören u.a. der Schutz vor Diabetes, Herz-Kreislauf-Erkrankungen, Alzheimer und sogar vor einigen Krebserkrankungen. Selbst lebensverlängernd soll die Methode des Intervallfastens wirken. Valter Longo, Fastenforscher und Biologe an der University of Southern California in Los Angeles, schätzt Fasten als eines „der stärksten Medikamente, die uns zur Verfügung stehen" ein.

Einfacher geht's nicht

Intervallfasten – also Pausen machen und in dieser Zeit nichts Kalorienhaltiges snacken oder trinken – ist der wichtigste neue Trend der Ernährungsmedizin. Das kurzfristige und (am besten) ständig wiederholte Fasten ist extrem einfach im Handling und verspricht eine erfolgreiche Gewichtsabnahme – und das ohne Hungern und Jo-Jo-Effekt. Denn Sie dürfen ja weiter essen, aber eben in den dafür vorgesehenen Zeiten. In den Pausen können Sie alles trinken, was energiefrei ist, also Wasser, ungesüßte Tees, Gemüsebrühe oder Kaffee. Für ein Extraportion Kalzium sind ein, zwei Gläser Mineralwasser ideal.

> **WICHTIG**
> Um garantiert erfolgreich abzunehmen, sollten Sie darauf achten, in den Essphasen nicht kompensatorisch zu essen. Also nicht mehr zu essen als sonst auch.

Was passt am besten?

Beim Time-Restricted Eating (TRE) fastet man mehr oder minder lange Zeitabstände innerhalb eines Tages. Diese Art des Fastens fällt besonders Einsteigern ganz leicht: Dazu legen Sie täglich Fastenperioden von 16, 18 oder auch 20 Stunden ein – somit darf man während eines Tages 8, 6 oder 4 Stunden essen. In der übrigen Zeit gibt es weder kalorienhaltige Getränke noch feste Speisen. Nun sollten Sie aber in diesen 4 bis 8 Stunden natürlich nicht permanent Nahrung zu sich nehmen oder gar snacken, besser sind zwei (oder drei) richtige Mahlzeiten. Hier finden Sie verschiedene Möglichkeiten des TRE:

▶ **Esspausen**
Zwischen den Mahlzeiten halten Sie Pausen von mindestens 5 bis 6 Stunden ein. Dieser Zeitraum ent-

spricht unseren biologischen Stoffwechselbedürfnissen. Eine längere Fastenzeit zwischen den Mahlzeiten gibt dem Stoffwechsel Spielraum, vom Speicher- in den Verarbeitungs- und Verbrennungsmodus umzuschalten. Auf diese Weise hat der Körper ausreichend Zeit dafür, alle Nährstoffe zu verwerten und zu verdauen. Der Blutzucker- und der Insulinspiegel können vor der nächsten Mahlzeit komplett absinken und es kommt zu einem gesunden Hungergefühl.

▶ 16:8-Methode
Sie wollen 8 Stunden essen und 16 Stunden fasten? Dann essen Sie das erste Mal um 8 Uhr. Nach knapp 4-stündiger Esspause können Sie um 12 Uhr zu Mittag essen und dann folgt die letzte, möglichst leichte, ballaststoffreiche und eiweißreiche Mahlzeit bereits um 16 Uhr. Nun wird gefastet bis zum nächsten Tag um 8 Uhr, wo Sie wieder frühstücken. Die richtige Zusammenstellung Ihrer Mahlzeiten, vor allem aber die lange Esspause vom späten Nachmittag bis zum Morgen, sorgt dafür, dass Sie Ihr Gewicht zumindest halten beziehungsweise langsam abnehmen.

▶ 18:6-Methode oder Dinner-Cancelling
Sie wollen 6 Stunden essen und 18 Stunden fasten? Dann nehmen Sie die erste Mahlzeit, wie etwa ein spätes Frühstück oder ein frühes Mittagessen, um 11 Uhr ein. Nach knapp 5 Stunden Pause, schon um 16 Uhr, gibt es das Abendessen. Gefastet wird also von etwa 17 Uhr bis zum nächsten Tag um 11 Uhr. Die dritte Mahlzeit fällt somit ganz aus. Man spricht deshalb vom Abendfasten (Dinner-Cancelling). Diese Verlängerung der nächtlichen Fastenzeit entspricht offenbar am ehesten dem biologischen Rhythmus des menschlichen Körpers. Es fällt uns leichter, die Nacht hindurch bis zum Morgen zu fasten und die erste Mahlzeit erst etwa 6 Stunden nach dem Aufstehen zu uns zu nehmen. Auch viele Sportler setzen auf diese Methode.

▶ 20:4-Methode
Sie wollen nur 4 Stunden essen und 20 Stunden fasten? Dann bleibt tatsächlich nur noch Zeit für eine Mahlzeit am Tag. Idealerweise besteht diese Mahlzeit aus reichlich Ballaststoffen (Gemüse oder Salat) mit etwas hochwertigem Fett (z. B. Walnuss- oder Leinöl) und hochwertigem Eiweiß (entweder vegetarisch aus Lupinen, Hanf oder Soja oder nicht vegetarisch aus Eiern, Käse oder magerem Fleisch). Sie nehmen Ihre Mahlzeit am besten am späten Nachmittag gegen 16 Uhr ein, dann können Sie am nächsten Tag um 12 Uhr zu Mittag essen. Diese Fastenzeit ist ideal als Übergang zum ganztägigen Fasten (24 Stunden), wie es beim wöchentlichen Fasten praktiziert wird.

Alternate Day Fasting (ADF)

Vielleicht gefallen Ihnen auch die Methoden des ein- bis zweimal wöchentlichen Fastens besser. Hierbei folgt ein „Esstag“ auf einen „Nicht-Esstag“:

▶ 6:1 oder 5:2
Suchen Sie sich einen oder zwei Tage pro Woche zum Fasten aus, die Ihnen am wenigsten Stress bringen. Wichtig ist, dass mindestens ein normaler Esstag zwischen den Fastentagen liegt, besser noch zwei.

▶ Fasten an jedem zweiten Tag
Etwas schwieriger für Ungeübte ist es, im 24-Stunden-Wechsel zu fasten und Nahrung zu sich zu nehmen: Sie essen zum Beispiel am Sonntag nach Belieben bis 20 Uhr und verzichten dafür am Montag komplett auf Kalorien, das heißt, Sie decken dann lediglich Ihren Bedarf an Flüssigkeit durch Wasser und ungesüßten Tee. Am Dienstag essen Sie ab 8 Uhr wieder normal bis 20 Uhr, am Mittwoch wird gefastet, am Donnerstag wird gegessen, am Freitag gefastet, am Samstag gegessen. Wenn Sie im alten Rhythmus weitermachen möchten, legen Sie am Sonntag noch mal einen Esstag ein, bevor es weitergeht wie gehabt. Wenn Sie nichts gegen einen Wechsel der Ess- und Fastentage haben, machen Sie am Sonntag mit dem Fasten weiter. Die Methode ist auch bekannt als 10in2-Diät.

Der Vorteil all dieser Varianten besteht darin, dass man die phasen- oder schrittweise Umstellung leichter akzeptieren kann als bei einer Dauerdiät.

Ballaststoffe für einen gesunden Darm

Eine ballaststoffreiche Ernährung kann das Risiko für Herz-Kreislauf-Erkrankungen und Typ-2-Diabetes senken. Woran das liegt? Ballaststoffe steigern das Sättigungsgefühl, gleichzeitig wird der Magen langsamer entleert. Daneben handelt es sich bei einigen Ballaststoffen um Präbiotika – bei ihrer Vergärung im Darm wird das Mikrobiom so beeinflusst, dass Entzündungsprozesse zurückgehen können.

Obwohl die pflanzlichen Faserstoffe unserem Körper kaum Nährstoffe liefern und größtenteils unverdaut wieder ausgeschieden werden, sind sie für unsere (Darm-)Gesundheit wichtig. Einmal im Darm angekommen, quellen sie weiter auf und fördern die Darmbewegung. Dadurch wird der Nahrungsbrei schneller vorwärtsgeschoben. Da sich die Zuckerbestandteile nur nach und nach aus einem ballaststoffreichen Nahrungsbrei herauslösen, gehen die einzelnen Zuckermoleküle auch langsamer in die Blutbahn über. Der Blutzuckerspiegel steigt nicht so steil an wie nach einem Stück Kuchen oder einem Glas Apfelschorle. Ballaststoffe helfen aber nicht nur beim Transport von Nahrungsbestandteilen im Darm, sondern auch bei ihrem Abtransport aus dem Körper. Darüber hinaus wirken sich Ballaststoffe positiv auf die Blutfette und den Cholesterinspiegel aus – und damit auf die Gesundheit unserer Gefäße.

Pflege des Mikrobioms

Außerdem nutzen die Darmbakterien bestimmte lösliche Ballaststoffe, um daraus Energie herzustellen. Als Nebenprodukte fallen dabei kurzkettige Fettsäuren (z. B. Propionat und Butyrat) an, die den Darm und unser Immunsystem schützen. Denn die kurzkettigen Fettsäuren gelangen über das Blut direkt in die Gelenkflüssigkeit. Man nimmt an, dass sie hier einen wichtigen Einfluss auf die Funktionstüchtigkeit der Gelenke haben. In Studien konnte gezeigt werden, dass eine darmbakterienfreundliche Ernährung entzündungshemmend und gleichzeitig positiv auf die Knochenfestigkeit wirkt.

Beta-Glucane in Hafer und Gerste

Die bekanntesten Vertreter solcher löslichen Ballaststoffe, die im Darm aufquellen und hier von den Bakterien in kurzkettige Fettsäuren umgewandelt werden, sind die Beta-Glucane. Sie haben noch weitere Superkräfte: Sie treiben bestimmte Immunzellen (Fresszellen) an, damit alles, was nicht ins Blut gehört, von ihnen aufgefressen wird. Beta-Glucane können demnach das körpereigene Immunsystem unterstützen.

Die bedeutendsten Beta-Glucan-Quellen für unsere Ernährung sind Hafer und Gerste. Am wirkungsvollsten sind Beta-Glucane übrigens nicht in Form teurer hoch dosierter Präparate, sondern im Zusammenspiel der einzelnen Inhaltsstoffe der Getreideprodukte. Deshalb lieber morgens einen Haferbrei anrühren und mit ein paar frischen Beeren und Kakao-Nibs zubereiten – das schmeckt großartig und bringt viel für die Gelenkgesundheit.

Alles aus Pflanzen

Ballaststoffe sind ein rein pflanzliches Produkt und kommen nicht in tierischer Nahrung vor. Obst, Gemüse, Getreide und Hülsenfrüchte enthalten reichlich Faserstoffe. Wasserlösliche Ballaststoffe wie Pektin befinden sich in der Schale von Äpfeln und anderen Obstsorten. Eine spezielle Form, die Alginate, sind Bestandteil von Algen. Weil bei der Herstellung von Weißmehl viele unverdauliche Stoffe herausgesiebt werden, um es haltbarer zu machen, sind in Weißbrot und Brötchen aus hellem Weizenmehl kaum Ballaststoffe vorhanden.

Tipps für eine ballaststoffreiche Ernährung

Unlösliche Ballaststoffe erhöhen lediglich das Stuhlvolumen. Lösliche Ballaststoffe dienen dagegen den guten Bakterien im Darm als Nahrung und erhöhen die Vielfalt im Mikrobiom. Was Sie beim Umgang mit den pflanzlichen Faserstoffen beachten sollten.

Tägliche Empfehlung :
Jeden Tag sollten wir 30 g Ballaststoffe zu uns nehmen, das empfiehlt die Deutsche Gesellschaft für Ernährung (DGE). Wer will, kann auch gern mehr davon essen.

Langsam steigern:
Wer bisher noch kein Ballaststoff-Fan war, steigert die Menge am besten Schritt für Schritt. Denn Körper und vor allem Darm müssen sich erst an die Faserstoffe gewöhnen.

Ausreichend dazu trinken:
Wichtig ist es, bei einer an Ballaststoffen reichen Ernährung tagsüber genügend zu trinken, damit die Ballaststoffe im Darm gut aufquellen können. Ideal sind 2 bis 2,5 l Wasser und/oder ungesüßter Tee. Alternativ kann man auch Getreide oder Samen vorher einweichen.

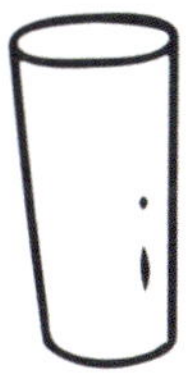

Gute Quellen für Ballaststoffe:

- Getreide in allen Varianten und am besten als Vollkorn – also mit den gesamten Teilen des Korns, auch der Schale und des Keimlings. In der Küche verwendbar sind Schrot, Mehl oder weitere Vollkornprodukte wie Flocken, Kleie, Brot oder auch Nudeln.
- Gemüse und Obst; Präbiotika stecken zum Beispiel in Zwiebeln, Knoblauch oder Chicorée, aber auch in Topinambur, Schwarzwurzeln oder Artischocken.

- Auch Pilze und Hülsenfrüchte liefern reichlich Ballaststoffe.

- Nüsse sind knackig und lecker, reich an gesunden Fetten und Magnesium. Am besten 1 Handvoll pro Tag einplanen.

RESISTENTE STÄRKE

Wer abnehmen will, sollte bei stärkereichen Lebensmitteln wie Kartoffeln, Nudeln und Reis eher zu Mini-Portionen greifen. Es gibt aber einen Trick, wie Sie die geliebten Beilagen so zubereiten, dass sich dabei wertvolle wasserunlösliche Ballaststoffe bilden. Die sogenannte resistente Stärke entsteht beim Abkühlen von gekochten Nudeln, Reis oder Kartoffeln und hat dieselben positiven Effekte auf die Darmflora wie andere lösliche Ballaststoffe auch. Durch Wiederaufwärmen vermehrt sich die resistente Stärke sogar noch. Trotzdem bitte auch hier auf die Menge achten.

Grüne Proteine

Wenn Sie bei einer antientzündlichen Ernährung Fleisch und Fisch reduzieren oder tierische Produkte ganz weglassen, müssen Sie sich keine Sorgen um eine gute Eiweißversorgung machen. Auch mit pflanzlichen Lebensmitteln können Sie genügend Proteine zu sich nehmen. Die „Eiweißbomben" helfen gleichzeitig beim Abnehmen, weil sie uns satt halten und beim Einhalten der Esspausen unterstützen.

Eiweiß ist ein ausgezeichneter Abnehmhelfer, weil es gut satt macht und dabei hilft, fettverbrennende Muskeln aufzubauen. Außerdem hat man bei einer guten Versorgung mit Proteinen viel weniger Lust auf Süßes – und das für Stunden. Schließlich wird bei der Verdauung von Eiweiß mehr Energie verbraucht: Beim Ab- und Umbau von Proteinen im Stoffwechsel erwärmt sich der Körper und diese Wärme wird nach außen abgegeben. Da unser Körper Eiweiß nur begrenzt speichern kann, braucht er stetig Nachschub an diesem wichtigen Baustoff.

DER EIWEISSBEDARF

Empfohlen werden täglich 0,8 bis 1 g Eiweiß pro kg Körpergewicht. Wer seinen persönlichen Bedarf berechnen möchte, muss unbedingt berücksichtigen, dass sich diese Faustregel an dem Gewicht orientiert, dass für uns je nach Körpergröße gesund wäre. Dieses „Normalgewicht" lässt sich mit der Formel Körpergröße ^{2} x 25 berechnen: Für einen 1,80 m großen Mann würde dies also z. B. bedeuten: 1,80 x 1,80 x 25 = 81 kg. Der individuelle Eiweißbedarf läge demnach bei 64,8 bis 81 g pro Tag. Würden Übergewichtige ihr aktuelles Gewicht als Berechnungsgrundlage wählen, wäre die tägliche Eiweißmenge deutlich zu hoch. Das Problem: Zu viel Eiweiß hilft nicht beim Abnehmen, im Gegenteil! Es macht dick.

Der Mix macht's

Alle über die Nahrung aufgenommenen Proteine werden vom Körper erst einmal in ihre Einzelteile oder Bausteine zerlegt, das sind die Aminosäuren. Die kann der Körper zwischenspeichern und nimmt sich dann bei Bedarf, was er für den Bau neuer Proteine braucht. Liegen in einem Nahrungsmittel alle essenziellen Aminosäuren vor und das auch noch annähernd in einem Verhältnis, wie wir es brauchen, spricht man von einem „vollwertigen" Eiweiß mit „hoher Bioverfügbarkeit" oder „biologischer Wertigkeit". Tierisches Protein hat eine hohe biologische Wertigkeit.

Die essenziellen Aminosäuren sind auch in allen Pflanzen enthalten, nur in unterschiedlichen Mengen. Da der Körper sich aber ständig aus einem Pool an Aminosäuren aus der Nahrung bedient, muss man nicht mit einer Mahlzeit alle Aminosäuren aufnehmen. Sobald innerhalb eines ganzen Tages genügend Abwechslung beim Essen herrscht, steht im Vorrat immer eine ausreichende Menge jeder Aminosäure zur Verfügung.

Weil wir normalerweise den Tag über immer verschiedene Eiweißquellen essen – Vollkorngetreide, Hülsenfrüchte, Gemüse, Nüsse – , entsteht aus diesem Mix eine ähnlich gute Bioverfügbarkeit wie bei tierischem Protein. Also müssen Sie sich auch bei einer pflanzenbasierten Ernährungsweise keine Sorgen um Mangelerscheinungen oder gar den Abbau von Muskeln machen. Grundsätzlich sind pflanzliche Proteinquellen auf jeden Fall gesünder als tierische, da Letztere oft reich an entzündungsfördernden gesättigten Fettsäuren sowie Purinen sind.

Gute Quellen für Pflanzenprotein

(Eiweißgehalt pro 100 g)

HÜLSENFRÜCHTE UND PRODUKTE DARAUS			
Berglinsen	25 g	Cashewkerne	18 g
Edamame-Bohnen	11 g	Sesamsamen	17,5 g
Kidneybohnen	22,1 g	Walnüsse	14,4 g
Weiße Bohnen	21,3 g	Paranüsse	13,6 g
Schwarze Bohnen	36,5 g		
Kichererbsen	19,8 g	**GETREIDE UND PSEUDOGETREIDE**	
Kichererbsen-Nudeln	20 g	Buchweizen	10 g
Lupinensamen	42 g	Bulgur	12 g
Rote Linsen	27 g	Haferflocken	12,5 g
Rote-Linsen-Nudeln	23 g	Quinoa	12,1 g
Gelbe Linsen	24 g	Vollkornnudeln	12,1 g
Sojabohnen	11,9 g	Roggenvollkornmehl	11 g
Tofu (schnittfest)	15 g	Naturreis	7,5 g
Seidentofu	7 g	Amarant	13,5 g
Sojaghurt	4 g	Hirse	11 g
Sojaquark	6 g	Couscous	11,3 g
Sojadrink	4 g		
Grüne Erbsen	23 g	**GEMÜSE**	
Grüne Bohnen	2 g	Brunnenkresse	2 g
		Rosenkohl	4,5 g
NÜSSE UND SAMEN		Grünkohl	4,3 g
Hanfsamen	31,5 g	Spinat	3 g
Haselnüsse	12 g	Champignons	4,1 g
Kürbiskerne	30 g	Brokkoli	3,3 g
Mandeln	18,4 g	Blumenkohl	2,5 g
Pistazienkerne	17,6 g	Avocado	1,9 g

Quelle: Heseker/Heseker: Nährwerttabelle der DGE 2019/2020.

Die Angaben der Hülsenfrüchte beziehen sich auf das Rohgewicht, die der Nüsse auf Nusskerne ohne Schale.

Snacks zum Abnehmen

Wenn Sie künftig längere Esspausen zwischen den Mahlzeiten einhalten möchten, Sie dann aber doch der Hunger überfällt, können Ihnen diese schnellen kalorienarmen Notfallsnacks helfen.

1 HART GEKOCHTES EI
liefert reichlich Eiweiß und daneben Eisen, Kalzium und Phosphor.

LOW-CARB-KNÄCKE OHNE MEHL,
dafür mit Leinsamen und Kürbiskernen, ist ballaststoff- und eiweißreich. Schmeckt lecker mit Hummus oder Kräuterquark.

GOLDENE MILCH
aus Haferdrink oder fettarmer Milch, Kurkuma, Ingwer und Zimt schmeckt gut, regt die Fettverbrennung an und wirkt entzündungshemmend.

1 BECHER HÜTTENKÄSE
(ca. 200 g) enthält wenig Fett, viel Eiweiß und knochenstärkendes Kalzium.

SELBST GEMACHTE GRÜNKOHLCHIPS
liefern Ballaststoffe, Vitamin C und Omega-3-Fettsäuren.

1 HANDVOLL COCKTAILTOMATEN
enthält jede Menge Wasser, die Vitamine A, C, E sowie B-Vitamine. Das Beste: 100 g liefern gerade mal 19 Kalorien!

GETROCKNETE APRIKOSEN
gelten als Low-Carb-Obst mit einer geringen Menge an Fruchtzucker. Sie sind ballaststoffreich und punkten außerdem mit Beta-Carotin und Magnesium.

1 BECHER MAGERQUARK
(ca. 250 g) mit Beeren liefert reichlich Protein und zellschützende Antioxidantien.

GEMÜSE-ROHKOST,
beispielsweise Gurkenscheiben, Paprikastreifen oder Tomaten, liefern reichlich Ballaststoffe sowie Wasser, dazu eine Menge Vitamine und sekundäre Pflanzenstoffe.

1 KLEINE HANDVOLL NÜSSE
ist reich an gesundem Pflanzeneiweiß und Magnesium – allen voran Mandeln.

LUST AUF SCHOKOLADE?
Dann am besten ein Stückchen Bitterschokolade (mind. 85 % Kakaoanteil) lutschen. Die Bitterstoffe drosseln den Süßhunger. Die Aminosäure Tryptophan aus dem Kakao wird im Körper zum Wohlfühlhormon Serotonin umgewandelt. Tipp: Noch länger haben Sie etwas davon, wenn Sie das Schokostückchen vorher einfrieren.

So geht richtig essen bei Arthrose

Sie wissen jetzt, wie Sie Ihr Leben mit Arthrose durch eine angepasste Ernährungsweise erleichtern und den Krankheitsverlauf spürbar mildern können. Für den Rezeptteil habe ich über 50 pflanzenbasierte Gerichte kreiert, die alle mit antientzündlichen oder knorpel- und gelenkschützenden Zutaten punkten.

Auf den nächsten Seiten finden Sie eine Auswahl an leckeren veganen, vegetarischen und flexitarischen Gerichten, die auf die besonderen Nährstoffbedürfnisse von Arthrose-Patienten zugeschnitten sind. Sie sind geeignet für morgens, mittags oder abends, zum Zu-Hause-Genießen oder zum Mitnehmen.

Rezepte für jeden Tag

Wenn Sie gerne frühstücken, finden Sie für die erste Mahlzeit des Tages je nach Geschmack ballaststoffreiche Rezepte mit fruchtiger Note, fein gewürzte Smoothies zum Mitnehmen oder herzhafte Gerichte mit Brot oder Eiern. Suppen, Salate und leichte Snacks schmecken als Vorspeisen, kleine Mahlzeiten oder zwischendurch. Die Hauptgerichte sind in erster Linie vegan, lassen sich nach Belieben aber mit einer Fisch- oder Geflügelbeilage in guter Qualität kombinieren. Zum Nachtisch oder zu besonderen Anlässen habe ich mir ein paar feine Dessertkreationen mit natürlicher Süße ausgedacht.

Gerichte mit Mehrwert

In jedem Rezept steckt in aller Regel eine Kombination mehrerer Zutaten, die nachweislich dabei helfen, Entzündungen im Körper zu stoppen, den Knorpel- und Knochenaufbau zu unterstützen und Schmerzen zum Abklingen zu bringen. Welche heilsamen Qualitäten jedes Gericht bei Arthrose hat, erkennen Sie auf den ersten Blick an den über den Rezepten stehenden Symbolen. Außerdem finden Sie bei einigen Rezepten ein grünes Kästchen mit dem Begriff „Übungszeit". Jetzt können Sie eine der Miniübungen aus dem Buch machen: Während der Reis gart, lassen Sie Ihre Schultern kreisen.

Eine gute Basis

Ideal ist ein Vorrat an länger haltbaren Getreiden (z. B. Hafer- und Dinkelflocken, Gerstengraspulver), Samen und Nüssen (z. B. Hanfsamen, Leinsamen, Mandeln, Kürbiskernen), hochwertigen Ölen (wie Raps-, Lein-, Oliven-, geröstetes Sesamöl) sowie Kräutern und Gewürzen (Kurkuma, Muskatnuss, Kreuzkümmel, Koriander, vegane Gemüsebrühe). Zutaten aus Glas oder Dose (wie Hagebuttenmark, Dattelsirup, Räuchermakrele), aber auch Dörrpflaumen, Zwiebeln, Schalotten, Knoblauch, Kartoffeln oder Möhren runden den Vorrat ab.

ZERO WASTE

Noch eine Sache, die mir am Herzen liegt: Aus ökologischen Gründen vermeide ich es, so gut es geht, beim Kochen Müll zu produzieren. Mit pflanzlichen Lebensmitteln ist das ganz einfach:

- Wenn Sie sich einen Wochenplan schreiben, können Sie schon vor dem Einkaufen planen, welche Lebensmittel Sie wirklich innerhalb einer Woche brauchen.
- Reste lassen sich verkochen (z. B. Kräuterstiele und Gemüseschalen für eine Gemüsebrühe) oder einfrieren.
- Obst und Gemüse können Sie einfrieren (z. B. Beeren im Sommer), einkochen (z. B. Hagebuttenmark) oder einlegen (z. B. selbst gemachte Gemüse-Pickles aus Möhren, Minigurken oder Zucchini).

Und so klappt es mit dem Abnehmen

Wenn Sie mit Ihrem Gewicht zufrieden sind, haben Sie bei den Rezepten freie Wahl. Empfehlenswert sind zwei bis drei Hauptmahlzeiten pro Tag, die Sie gut sättigen, sodass Sie ohne Hungergefühle und leistungsfähig durch den Tag kommen.
Wenn Sie abnehmen möchten, empfehle ich einen Wochenplan mit drei Varianten – je nachdem, was am besten zu Ihnen und Ihrem Alltag passt. Hierbei kommt es darauf an, dass Sie Ihren Stoffwechsel umerziehen auf eine energiereduzierte Kost, bei der Sie aber nicht hungern sollten, denn das ist kontraproduktiv. Ganz wichtig: Trinken Sie ausreichend, das hilft nicht nur gegen den kleinen Hunger zwischendurch, sondern auch beim Abnehmen – denn nicht selten verwechseln wir Hunger mit Durst.

▶ **Variante 1: strikte Kalorienreduktion**
Essen Sie zwei Tage kalorienreduziert drei Mahlzeiten mit insgesamt maximal 1000 Kalorien pro Tag. Danach stellen Sie für die kommenden drei Wochen Ihr Frühstück, Mittagessen und Abendessen so zusammen, dass Ihnen insgesamt 2000 Kalorien pro Tag zur Verfügung stehen.

▶ **Variante 2: sanftere Kalorienreduktion**
Sollten Ihnen die 1000 Kalorien nicht reichen, weil Sie zum Beispiel jeden Tag stärker körperlich belastet sind, können Sie auch mit 1500 Kalorien starten, dies aber vier Tage lang. Danach bleiben Sie dann drei Wochen lang bei 2000 Kalorien.

▶ **Variante 3: Intervallfasten**
Die softeste Variante ist das 16:8-Intervallfasten. Hierbei pausieren Sie 16 Stunden und essen innerhalb von 8 Stunden zwei oder drei Mahlzeiten.
Das können Sie sich so einteilen, wie es zeitlich am besten für Sie passt. Entweder gibt es um 10 Uhr ein Frühstück, ungefähr um 15 Uhr eine kleines Gericht und um 18 Uhr die letzte Tagesmahlzeit. Alternativ nehmen Sie Ihre erste Mahlzeit um 12 Uhr ein und essen bis 20 Uhr zum letzten Mahl. Wichtig ist, dass Sie zwischen den Hauptmahlzeiten mindestens 5 Stunden Esspause einhalten. Wenn Ihnen das zu lang ist, können Sie auch noch ein kleines Zwischengericht oder einen Smoothie genießen.

Natürlich können Sie auch ein anderes Fastenintervall wählen, 15:9 oder 14:10. Wichtig ist beim Intervallfasten nur, dass Sie bei den Mahlzeiten nicht mehr essen als das, was Sie durch die längere Esspause an Energie gespart haben. Idealerweise nehmen Sie dabei auch 2000 Kalorien täglich zu sich, dann sind Sie leicht unterkalorisch unterwegs und in Sachen Abnehmen auf der sicheren Seite.

DER ARZT KANN HELFEN

Sollten Sie mit diesen Methoden nicht abnehmen können, sprechen Sie mit Ihrem Hausarzt oder am besten mit einem Ernährungsmediziner darüber, ob bei Ihnen eventuell eine Stoffwechsel- oder Schilddrüsenstörung vorliegt, die eine Gewichtsabnahme erschwert oder unmöglich macht. Auch bei starkem Übergewicht (Adipositas) sollten Sie unter ärztlicher Aufsicht abspecken. Hier braucht Ihr Stoffwechsel unter Umständen für eine bestimmte Zeit besondere Hilfestellungen in Form einer Formula-Diät. Die Rezepte auf den nächsten Seiten sind allerdings auch in diesem Fall uneingeschränkt empfehlenswert und helfen, Ihre Gelenke und Knochen zu schützen und optimal mit Nährstoffen zu versorgen.

Genuss ohne Reue: die Rezepte

Eine pflanzenbasierte Ernährung heißt, dass wir mit viel gesundem Gemüse, Getreide, Hülsenfrüchten und Obst kochen. Vegane Ersatzprodukte, die z. B. den Geschmack von Fleisch oder das Aussehen von Wurst imitieren, werden Sie auf den nächsten Seiten nicht finden. Dafür aber jede Menge neuer Lieblingsgerichte, versprochen! Probieren Sie meine pflanzlichen Anti-Schmerz-Kreationen einfach aus: Sie sind bodenständig und einfach, bunt und raffiniert – ideal, um gleich in der Küche loszulegen!

Pflanzlicher Joghurt mit Omega-3-Öl und Hagebutte

Für 2 Personen | Zubereitung: 5 Minuten
Nährwerte pro Portion: ca. 245 kcal, 14 g EW, 9 g F, 25 g KH

Zutaten:

50 g Dinkelflocken
10 g Amarant-Pops
400 g pflanzliche Joghurt-
alternative auf Kokosbasis
2 TL Hagebuttenmark
(aus dem Bioladen)
1 TL Omega-3-Öl
(z. B. Leinöl oder Algenöl)

Zubereitung:

Die Dinkelflocken und die Amarant-Pops in einer Pfanne ohne Fett hell rösten. Herausnehmen und abkühlen lassen.

Den Kokosjoghurt auf Schalen verteilen. Geröstete Dinkelflocken und Amarant darüberstreuen. Jede Schale mit 1 TL Hagebuttenmark und ½ TL Omega-3-Öl beträufeln.

Nach Belieben das Frühstück noch mit einigen Himbeeren garnieren, dazu diese verlesen, waschen und trocken tupfen.

Einfach gesund essen:

Kalt gepresstes Leinöl mit seiner typischen Bitternote bietet unter allen bei uns gebräuchlichen Ölen den höchsten Anteil an Alpha-Linolensäure (ALA). Aus dieser werden im Stoffwechsel verschiedene Omega-3-Fettsäuren gebildet, die u. a. gegen Entzündungen wirken. Die Experten der DGE empfehlen, etwa 1,5 g ALA pro Tag aufzunehmen. Bereits 1 EL Leinöl liefert 2 bis 4 g ALA.

Chai-Buttermilch mit Obst und Hanfsamen

Für 2 Personen | Zubereitung: 10 Minuten | Ziehen: 4 Stunden
Nährwerte pro Portion: ca. 45 kcal, 13 g EW, 5 g F, 55 g KH

Zutaten:

1 Beutel Schwarztee
4 schwarze Pfefferkörner
4 Gewürznelken
3 Kardamomkapseln
3 Sternanise
2 Bananen
2 Birnen
½ l Buttermilch
1 TL frisch geriebener Bio-Ingwer (mit Schale)
½ TL frisch geriebene Bio-Kurkuma (mit Schale)
¼ TL Zimtpulver
2 EL geröstete geschälte Hanfsamen

ÜBUNGSZEIT

Zubereitung:

Für den Chai-Tee den Schwarztee mit 200 ml kochendem Wasser überbrühen und 3 bis 4 Minuten ziehen lassen, dann den Teebeutel entfernen. Pfeffer, Nelken, Kardamom und Sternanise in einen Einwegteebeutel geben, verschließen und im Tee etwa 4 Stunden ziehen lassen.

Anschließend die Bananen schälen, 1 Banane in Scheiben schneiden und auf Schalen oder tiefe Teller verteilen. Die Birnen waschen, vierteln und entkernen, die Birnenviertel in Würfel schneiden und über die Bananenscheiben streuen.

Den Chai-Tee mit Buttermilch, übriger Banane, Ingwer, Kurkuma und Zimt im Mixer fein pürieren. Die Chai-Buttermilch über das Obst in die Schalen gießen und mit gerösteten Hanfsamen und nach Belieben noch mit mehr geriebener Kurkuma bestreuen. Das Frühstück lässt sich gut aufbewahren: Dazu einfach die doppelte Menge zubereiten und abgedeckt im Kühlschrank aufbewahren.

Einfach gesund essen:

Kurkuma oder Gelbwurz ist ein fester Bestandteil der indischen Küche. Das feine Pulver der Wurzel gibt Currymischungen ihre intensiv gelbe Farbe. Verantwortlich dafür ist Curcumin, ein sekundärer Pflanzenstoff mit vielen positiven gesundheitlichen Effekten: Es schützt Zellen und Knorpel und wirkt gegen Entzündungen. Ein Kurkuma-Verwandter aus der Familie der Ingwergewächse ist der grüne Kardamom. Seine ätherischen Öle wirken ebenfalls antientzündlich und schmerzlindernd. Vor der Verwendung in der Küche die Kapseln leicht einritzen.

Gerstengras-Smoothie

Für 4 Personen | Zubereitung: 5 Minuten
Nährwerte pro Portion: ca. 120 kcal, 3 g EW, 1 g F, 23 g KH

Zutaten:

1 Handvoll junger Spinat
½ Bund Petersilie
30 g Bio-Ingwer (mit Schale)
2 Bananen
1 grüner Apfel
65 g Fenchel samt Grün (gerne Reste)
¼ Salatgurke
3 TL Gerstengraspulver (aus Bioladen oder Drogeriemarkt)
Saft von 1 Limette

Zubereitung:

Den Spinat verlesen, waschen und trocken schütteln. Die Petersilie waschen und trocken tupfen. Den Ingwer waschen und grob hacken. Die Bananen schälen und grob schneiden. Den Apfel waschen, vierteln und entkernen. Den Fenchel putzen und waschen. Die Gurke putzen, waschen und grob schneiden. Alle Zutaten mit ½ l Wasser, Gerstengraspulver und Limettensaft in den Mixer geben und darin fein pürieren. Den Smoothie auf Gläser verteilen.

Einfach gesund essen:

Gerstengras hat eine ähnliche Nährstoffzusammensetzung wie grünes Blattgemüse, enthält diese Substanzen jedoch in einer sehr viel höheren Dichte. Das Vitamin-C- und ballaststoffreiche Pulver können Sie auch prima unter Joghurt, Müsli oder Energy-Balls mischen.

Hot Green Smoothie

Für 2 Personen | Zubereitung: 30 Minuten
Nährwerte pro Portion: ca. 475 kcal, 5 g EW, 45 g F, 22 g KH

Zubereitung:

Vom Zitronengras die welken Außenblätter und die obere, trockene Hälfte entfernen, die untere Hälfte fein hacken. Die Limettenblätter waschen, trocken tupfen und den Strunk entfernen. Ingwer waschen.

In einem Topf die Kokosmilch mit Zitronengras, Limettenblättern, Ingwer, Peperoni und Dattelsirup einmal aufkochen. Dann mit geschlossenem Deckel bei schwacher Hitze etwa 20 Minuten köcheln lassen.

Inzwischen den Spinat und die frischen Kräuter verlesen, waschen und trocken tupfen. Zum Servieren die Kokosmilchmischung mit dem Spinat und den Kräutern im Topf mit dem Stabmixer fein pürieren. Smoothie mit Salz abschmecken und auf hitzefeste Gläser verteilen.

Zutaten:

1 Stängel Zitronengras
6 Kaffir-Limettenblätter
60 g Bio-Ingwer (mit Schale)
400 ml Kokosmilch
½ Peperonischote
1 Spritzer Dattelsirup
1 Handvoll junger Spinat
½ Bund Basilikum
je ¼ Bund Minze und Koriandergrün
Salz

Gebackenes Müsli mit Sauerkirschen

Für 1 Springform (30 cm Durchmesser; 8 Personen) | Zubereitung: 15 Minuten | Backen: 40 Minuten
Nährwerte pro Portion: ca. 465 kcal, 7 g EW, 29 g F, 39 g KH

Zutaten:

10 g geschroteter Leinsamen (= 1 Flax Egg, siehe Tipp)
200 g kernige Haferflocken
60 g Kokosraspel
1 EL Backpulver
2 TL gemahlene Vanille
1 geh. TL Zimtpulver
100 g Kakao-Nibs
Meersalz
60 ml Dattelsirup
300 ml Kokosmilch
60 g weiche vegane Margarine
500 g Süß- oder Sauerkirschen (entkernt; ersatzweise tiefgekühlte Beeren oder Zwetschgen)
2 Bananen
Fett für die Form

ÜBUNGSZEIT

Zubereitung:

Den Backofen auf 190 °C (Umluft) vorheizen. Die Springform einfetten. Für das Flax Egg den Leinsamenschrot in einer Tasse mit 3 EL kochend heißem Wasser überbrühen und etwa 5 Minuten quellen lassen.

Inzwischen Haferflocken, Kokosraspel, Backpulver, Vanille, Zimt, Kakao-Nibs und 1 Prise Meersalz mischen. Im Mixer 60 ml Wasser, Dattelsirup, Kokosmilch und Margarine mixen. Das Flax Egg unterrühren.

Die entkernten Kirschen in der Form verteilen und die Hafer-Kokos-Mischung darübergießen. Den Dattelsirup-Kokosmilch-Mix daraufgeben. Zuletzt die Bananen schälen, in Scheiben schneiden und auf der Masse verteilen.

Das Müsli im Ofen auf der mittleren Schiene 30 bis 40 Minuten backen. Das gebackene Müsli aus dem Ofen nehmen und vor dem Servieren kurz abkühlen lassen. Zum Servieren auf Teller verteilen.

Einfach gesund essen:

Hafer ist eine der gesündesten Getreidesorten, die wir kennen – nährstoffreich, glutenarm und sehr bekömmlich. Schon in kleinen Portionen des Getreides stecken reichlich Vitalstoffe: Der Ballaststoff Beta-Glucan senkt den Blutzucker- und Cholesterinspiegel und hilft beim Abnehmen, der Mineralstoff Magnesium schützt die Knochen und Silizium (Kieselsäure) stärkt die Knorpel.
Flax Egg dient als Ersatz für Eier in Backrezepten (10 g = 1 Ei; Größe M). Der Leinsamen (engl. „flax") übernimmt deren Bindewirkung.

Hafer-Kokos-Porridge mit Ananas

Für 4 Personen | Zubereitung: 15 Minuten
Nährwerte pro Portion: ca. 385 kcal, 8 g EW, 20 g F, 39 g KH

Zutaten:

¼ Ananas
8 Melisseblätter
300 ml Kokosmilch
Salz
200 g zarte Haferflocken
1 TL Zimtpulver
¼ TL Hagebuttenpulver
½ TL Dattelsirup

Zubereitung:

Das Ananasviertel schälen und in mundgerechte Stücke schneiden. Die Melisseblätter waschen und trocken tupfen.

Die Kokosmilch mit 200 ml Wasser und 1 Prise Salz in einem Topf aufkochen. Haferflocken und Zimt einstreuen und alles bei schwacher Hitze etwa 3 Minuten unter Rühren köcheln lassen, bis eine cremige Konsistenz entstanden ist. Bei Bedarf noch etwas Wasser dazugießen.

Zum Servieren Ananasstücke und Melisseblätter unter den Porridge rühren und alles auf Schalen verteilen. Mit Hagebuttenpulver und Dattelsirup garnieren.

Einfach gesund essen:

Hagebutten können dank der Inhaltsstoffe Vitamin C und Galaktolipide bei Arthrose und eventuell auch bei Arthritis Schmerzen und Entzündungen lindern. Insbesondere die Hagebuttenart Rosa canina L. trägt mit ihrem hohen Vitamin-C-Gehalt zu einer normalen Kollagen- und Knorpelbildung bei.
Ein weiterer Entzündungshemmer in diesem Rezept ist das in der Ananas enthaltene Bromelain. Es hilft, bei Gelenkentzündungen entzündliche Botenstoffe im Körper abzubauen.

Milchreis vom schwarzen Reis

Für 4 Personen | Zubereitung: 40 Minuten
Nährwerte pro Portion: ca. 485 kcal, 7 g EW, 22 g F, 61 g KH

Zutaten:

250 g schwarzer Reis (z. B. Venere-Reis)
Salz
350 ml Kokosmilch
80 g Dörrpflaumen (entsteint)
1 Msp. gemahlene Vanille
1 TL Zimtpulver
80 g pflanzliche Joghurtalternative auf Kokosbasis
10 g Hagebuttenmark (aus dem Bioladen)

Zubereitung:

Den Reis in einem Sieb gründlich abbrausen. Mit 1 Prise Salz in einem Topf in 1 l Wasser aufkochen und offen bei schwacher Hitze etwa 20 Minuten köcheln lassen.

Währenddessen die Kokosmilch mit den Dörrpflaumen im Mixer fein pürieren. Nach etwa 20 Minuten Garzeit zum Reis geben und alles noch etwa 10 Minuten köcheln lassen.

Anschließend Vanille und Zimt unterrühren und den Milchreis auf Schalen oder tiefe Teller verteilen. Kokosjoghurt und Hagebuttenmark darübergeben und alles nach Belieben mit Kokosraspeln bestreuen.

Einfach gesund essen:

Lange Zeit war er so kostbar, dass er nur von der chinesischen Kaiserfamilie verzehrt werden durfte. Tatsächlich ist der Anbau von schwarzem Reis, einer nussig schmeckenden Wassergrasart, aufwendig. Das volle Korn ist eine gute Quelle für darmschützende Ballaststoffe und reich an Anthocyanen, die entzündungshemmend wirken.

Roggenbrot mit Pilzen und Rosmarinaufstrich

Für 4 Personen | Zubereitung: 15 Minuten
Nährwerte pro Portion: ca. 310 kcal, 10 g EW, 19 g F, 22 g KH

Zutaten:

1 kleine Schalotte
300 g Champignons
1 Tropfen Öl
Salz
280 g pflanzliche Frischkäse-alternative auf Sojabasis
1 TL getr. Rosmarin
1 Spritzer Zitronensaft
Pfeffer
frisch geriebene Muskatnuss
4 Scheiben Roggenvollkornbrot (am besten gekeimtes Brot)

Zubereitung:

Die Schalotte schälen und fein hacken. Die Pilze putzen, falls nötig, trocken abreiben und in Scheiben schneiden. Das Öl in einer beschichteten Pfanne erhitzen und Schalotte und Pilze darin anbraten, mit Salz abschmecken. Vom Herd nehmen.

Für den Aufstrich den Frischkäse, Rosmarin und Zitronensaft verrühren, mit Salz, Pfeffer und Muskatnuss würzen. Das Brot damit bestreichen und mit den Pilzen belegen. Nach Belieben mit hochwertigem Öl (z. B. Leinöl oder Algenöl) beträufeln und mit 1 Prise Salz würzen.

Einfach gesund essen:

Versuchen Sie, bei Broten immer die Sauerteig-Variante zu wählen. Denn bei der Sauerteigführung wird durch die langsame Gärung die Phytinsäure aus dem Getreide abgebaut. Phytinsäure kann die Aufnahme von Mineralstoffen im Darm hemmen. Eine kurze Gärung auf Grundlage herkömmlicher Backhefeteige ermöglicht dies nicht. Die gesunden Nährstoffe im Getreide sind dann nicht vollständig bioverfügbar und werden nicht so gut aufgenommen wie bei einem Sauerteigbrot.

Kartoffel-Spinat-Omelett mit Kurkuma

Für 2 Personen | Zubereitung: 15 Minuten
Nährwerte pro Portion: ca. 230 kcal, 15 g EW, 10 g F, 18 g KH

Zutaten:

250 g Pellkartoffeln (vom Vortag)
1 Handvoll junger Spinat
½ Beet Kresse zum Garnieren
4 Eier (Größe M)
1 Msp. frisch geriebene Bio-Kurkuma (mit Schale)
½ TL gehackte Peperonischote
Salz
1 Tropfen Öl

Zubereitung:

1

Die Kartoffeln pellen und in Scheiben schneiden. Spinat verlesen, waschen und trocken schütteln. Die Kresse vom Beet schneiden, in einem Sieb abbrausen und abtropfen lassen.

2

Die Eier in einer Rührschüssel mit einem Schneebesen gründlich verquirlen, mit Kurkuma, Peperoni und 1 Prise Salz würzen. Die Kartoffelscheiben dazugeben.

3

Das Öl in einer Pfanne bei mittlerer Hitze erwärmen und die Eier-Kartoffel-Masse darin verteilen. Mit geschlossenem Deckel etwa 10 Minuten zu einem Omelett stocken lassen.

Einfach gesund essen:

Kurkuma ist bei Arthrose sehr zu empfehlen: Curcumin, der Hauptwirkstoff der Wurzel, schützt nachweislich die Knorpelzellen (siehe Tipp Seite 48): Zum einen fördert Curcumin die Durchblutung in der Gelenkschleimhaut, zum anderen hemmt es die Entwicklung entzündungsfördernder Proteine. So können Schwellungen und Entzündungen gemildert werden.
Wichtig: Kurkuma am besten immer mit 1 Prise Pfeffer kombinieren, dann können die Inhaltsstoffe optimal aufgenommen werden. Gerne mit Schale verwenden, sofern es Bio-Ware ist (gilt auch für Ingwer).

4

Zum Servieren das Omelett auf eine Platte stürzen, halbieren und auf Teller setzen. Mit Spinat und Kresse garnieren.

Frühstücks-Wraps mit zweierlei Füllung

Für 2 Personen | Zubereitung: 15 Minuten je Wrap
Nährwerte pro Portion: ca. 620 kcal, 20 g EW, 37 g F, 47 g KH

Zutaten:

Für die herzhafte Füllung:

1 TL Sesamsamen
1 Handvoll Wildkräuter
1 Stiel Basilikum
5 Blätter Minze
1 Avocado
1 Spritzer Limettensaft
½ milde Peperonischote
3 Cocktailtomaten
50 g geräucherte Makrele in Öl (aus dem Glas)
2 TL geschälte Hanfsamen
1 EL Peperonata (siehe Seite 94)
1 TL Hagebuttenmark (aus dem Bioladen)
40 g Feta (Schafskäse)

Für die süße Füllung:

1 Banane
4 EL Raw Mousse au Chocolat (siehe Seite 132)
1 EL geschälte Hanfsamen
1 EL geröstete Mandelblättchen
etwas Zimtpulver

Außerdem:

2 Vollkorn-Weizentortillas

Zubereitung:

Für die herzhafte Füllung den Sesam in einer Pfanne ohne Fett hell rösten. Herausnehmen und abkühlen lassen. Die Kräuter waschen, trocken tupfen, Blätter abzupfen und fein hacken. Avocado halbieren und den Kern entfernen, Fruchtfleisch aus den Schalen lösen und mit Limettensaft beträufeln, damit es sich nicht bräunlich verfärbt. Peperoni längs halbieren, putzen, waschen und fein würfeln. Tomaten waschen und klein würfeln. Makrele abtropfen lassen und in Stücke zupfen.

Für die süße Füllung die Banane schälen und in Scheiben schneiden. Die Mousse mit den übrigen Zutaten verrühren. Nach Belieben noch etwas Obst (z. B. Ananas, Erd- oder Blaubeeren, Wassermelone) waschen bzw. schälen und in mundgerechte Stücke teilen.

Die Tortillas nacheinander in einer Pfanne erwärmen. Entweder die herzhaften Zutaten mischen und darauf verteilen, den Feta darüberbröseln. Oder für die süße Füllung die Mousse-Mischung aufstreichen, mit Bananenscheiben und dem Obst nach Wahl belegen. Die Tortillas locker aufrollen und die Wraps zum Servieren halbieren.

Tipp:

Als Füllung eignen sich auch alle möglichen Reste von Gemüse, Saucen und Pestos – was der Kühlschrank gerade hergibt. Die Banane nach Belieben mit vorhandenem Obst und Beeren tauschen oder kombinieren. Möchte man vegan herzhaft frühstücken, die Makrele weglassen und die Füllung mit hochwertigem Lein- oder Algenöl beträufeln.

Makrelen-Gemüse-Tatar mit Rührei

Für 2 Personen | Zubereitung: 15 Minuten
Nährwerte pro Portion: ca. 300 kcal, 14 g EW, 19 g F, 16 g KH

Zutaten:

½ Möhre
½ Zucchini
1 kleine Salatgurke
abgeriebene Schale und Saft von ½ Bio-Zitrone
Salz, Pfeffer
50 g geräucherte Makrele in Öl (aus dem Glas)
¼ Bund Schnittlauch
2 Eier
Öl
2 Scheiben Vollkorn- oder Roggenknäckebrot
1 EL Olivenöl

Zubereitung:

Für das Tatar Möhre, Zucchini und Gurke schälen bzw. putzen und waschen, dann auf der Gemüsereibe grob raspeln. Die Gemüseraspel mischen und mit Zitronenschale und -saft, Salz und Pfeffer würzen.

Die Makrelenfilets abtropfen lassen, in kleine Stücke zupfen und unter das Gemüse mischen. Den Schnittlauch waschen, trocken tupfen und in feine Röllchen schneiden.

Für das Rührei die Eier in einer Schüssel mit einer Gabel gründlich verquirlen. Etwas Öl in einer beschichteten Pfanne erhitzen und die Eiermischung darin bei mittlerer Hitze zu Rührei braten.

Zum Servieren das Makrelen-Gemüse-Tatar auf den Knäckebroten verteilen und das Rührei danebensetzen, mit Olivenöl beträufeln und mit dem Schnittlauch garnieren.

Einfach gesund essen:

Entzündungshemmende Omega-3-Fettsäuren, die dafür sorgen, dass die Gelenke elastischer bleiben und nicht so schnell altern, sind in vielen Meeresfischen enthalten. Allerdings gelten deren Bestände weltweit als überfischt. Bei Makrelen empfiehlt der WWF nur Fisch aus dem Nordwestatlantik. Um beim Fischkauf in Sachen Nachhaltigkeit einigermaßen sicherzugehen, empfehle ich die Fischeinkaufsratgeber von Greenpeace oder WWF (siehe Seite 28).

Gurkenkaltschale

Für 2 Personen | Zubereitung: 30 Minuten | Kühlen: 2 Stunden
Nährwerte pro Portion: ca. 120 kcal, 7 g EW, 6 g F, 9 g KH

Zutaten:

2 kleine Salatgurken
1 große Schalotte
¼ l vegane Gemüsebrühe
1 EL getr. Thymian
Salz, Pfeffer
¼ Bund Minze
200 g pflanzliche Joghurt-alternative auf Sojabasis
geräuchertes Paprikapulver

ÜBUNGSZEIT

Zubereitung:

Die Gurken putzen und waschen. ½ Gurke längs halbieren, die Kerne mit einem Löffel entfernen und beiseitestellen, die Hälften fein würfeln. Die übrigen Gurken putzen, waschen und grob würfeln. Die Schalotte schälen und grob hacken.

Die groben Gurkenwürfel mit der Schalotte und den beiseitegestellten Gurkenkernen in einer Pfanne ohne Fett farblos anschwitzen. Mit der Brühe ablöschen und mit Thymian, Salz und Pfeffer würzen. Dann alles mit geschlossenem Deckel etwa 20 Minuten köcheln lassen, dabei ab und zu umrühren.

Anschließend das Gurkengemüse in einem hohen Rührbecher mit dem Stabmixer fein pürieren und abkühlen lassen. Nach Belieben abgedeckt im Kühlschrank noch etwa 2 Stunden durchziehen lassen. Währenddessen für die Einlage die Minze waschen, trocken tupfen, die Blätter abzupfen und fein hacken. Mit den feinen Gurkenwürfeln mischen.

Zum Servieren je 2 EL Gurken-Minz-Würfel in einen tiefen Teller oder eine Schale füllen und die kalte Gurkensuppe angießen. Den Joghurt daraufsetzen und alles mit Paprikapulver bestreuen.

Einfach gesund essen:

Sie ist das wohl am meisten unterschätzte Superfood und stammt auch noch aus heimischem Anbau: die Salatgurke mit satten 95 % Wasseranteil. Gurken sind harnsäurelösend und punkten mit Mineralstoffen wie Kalzium, Zink, Eisen, Magnesium, Kalium und Phosphor. Außerdem enthalten sie das schmerzstillende Spurenelement Bor, das wichtig für eine normale Knochen- und Knorpelentwicklung ist.

Blaubeer-Gazpacho

Für 4 Personen | Zubereitung: 10 Minuten | Marinieren: 30 Minuten | Kühlen: 2 Stunden
Nährwerte pro Portion: ca. 130 kcal, 3 g EW, 4 g F, 16 g KH

ÜBUNGSZEIT

Zutaten:

500 g Tomaten
1 Salatgurke
200 g Staudensellerie
je 1 rote und grüne Paprikaschote
1 rote Zwiebel
1 kleine Knoblauchzehe
½ Peperonischote | Salz
1 Spritzer Dattelsirup
300 g Blaubeeren
100 ml Orangensaft
1 EL Olivenöl
2 EL veganer Aceto Balsamico
1 Spritzer Zitronensaft
Pfeffer

Zubereitung:

1

Tomaten, Gurke, Sellerie, Paprika, Zwiebel und Knoblauch putzen, waschen bzw. schälen und grob schneiden. Peperoni halbieren, putzen, waschen und hacken.

2

Alles in einer Schüssel mit Salz und Dattelsirup mischen und etwa 30 Minuten marinieren. Währenddessen die Blaubeeren verlesen, waschen und trocken tupfen.

3

Dann Beeren und Orangensaft zum Gemüse geben. Alles im Mixer fein pürieren und durch ein Sieb streichen. Olivenöl, Essig, Zitronensaft und Pfeffer hinzufügen.

4

Gazpacho etwa 2 Stunden kühl durchziehen lassen (falls nötig, nochmals durchpassieren). Zum Servieren auf Schalen verteilen, ggf. mit Beeren und Selleriegrün garnieren.

Einfach gesund essen:

Blaubeeren mit ihrem hohen Anteil an Anthocyanen unterstützen den Körper dabei, freie Radikale abzufangen und zu neutralisieren: Das schützt die Zellen und verlangsamt Alterungsprozesse. Das in den dunklen Beeren enthaltene Vitamin C kurbelt die Kollagenbildung an und schützt die Knorpel. Außerdem hemmt der Farbstoff Delphinidin ein Darmenzym, das für die Entstehung von Entzündungen verantwortlich ist. Und schließlich sind Blaubeeren mit 36 kcal pro 100 g echte Abnehmhelfer.

Mediterrane Tomatensuppe

Für 4 Personen | Zubereitung: 40 Minuten
Nährwerte pro Portion: ca. 285 kcal, 6 g EW, 11 g F, 35 g KH

Zutaten:

1,2 kg Tomaten
200 g Zwiebeln
400 g Möhren
2 EL Olivenöl
40 ml Dattelsirup
100 g Cocktailtomaten
½ Bund Basilikum
Salz
120 g geriebener veganer Parmesan

Zubereitung:

Die Tomaten kreuzweise einritzen, überbrühen, kalt abschrecken, häuten, vierteln und entkernen. Das Fruchtfleisch in große Würfel schneiden. Die Zwiebeln schälen und fein hacken. Möhren putzen, schälen und in feine Stifte schneiden.

Das Öl in einem Topf erhitzen und die Zwiebeln darin farblos anschwitzen. Möhren, Tomatenwürfel und Dattelsirup dazugeben und alles mit geschlossenem Deckel mindestens 20 Minuten köcheln lassen.

Inzwischen die Cocktailtomaten waschen und halbieren. Das Basilikum waschen, trocken tupfen und die Blätter abzupfen. Beides nach etwa 20 Minuten Garzeit zur Suppe geben.

Zum Servieren die Tomatensuppe mit Salz abschmecken und auf tiefe Teller oder Schalen verteilen. Mit dem Parmesan bestreuen und nach Belieben ein Vollkorn- oder Roggenknäckebrot mit Basilikum-Pesto dazu reichen.

Einfach gesund essen:

Reife Tomaten schmecken nach Sonne – egal ob im Salat, gedünstet oder in Saucen. Sie enthalten viel zellschützendes Lycopin sowie Vitamin C und Kalium. Dabei sind sie gleichzeitig reich an Wasser und arm an Kalorien. Für optimale Geschmackserlebnisse am besten regionale Ware in Bio-Qualität kaufen und auch mal gelbe, blaue oder grüne Tomaten ausprobieren.

Plant based Bouillabaisse mit Rouille

Für 4 Personen | Zubereitung: 1 Stunde
Nährwerte pro Portion: ca. 355 kcal, 8 g EW, 26 g F, 12 g KH

ÜBUNGSZEIT

Zutaten:

Für die Suppe:
1 rote Zwiebel
¼ Knollensellerie
2 kleine Möhren
1 Stange Lauch (das Weiße)
½ Fenchelknolle
2 TL Öl
200 ml Weißwein (ersatzweise 1 Schuss Pernod oder Cognac)
1 l Gemüsebrühe
2 Dosen stückige Tomaten (à ca. 200 g)
½ TL Fenchelsamen
½ TL getr. Thymian
2 Lorbeerblätter
1 Sternanis

Für die Rouille:
4–5 Zehen konfierter Knoblauch (siehe Tipp Seite 106)
2 EL Pizzatomatensauce (ersatzweise Tomatenmark)
2 EL Crème fraîche
½ TL geräuchertes Paprikapulver

Außerdem:
80 g geräucherte Makrele in Öl (aus dem Glas)
2 EL Frühlingszwiebelstreifen
2 EL Parmesanspäne

Zubereitung:

Für die Suppe Zwiebel, Sellerie und Möhren putzen bzw. schälen und grob würfeln. Den Lauch putzen, waschen und in Ringe schneiden. Den Fenchel putzen, waschen und grob hacken.

Das Gemüse in einem großen Topf im Öl leicht anschwitzen. Den Wein dazugießen und einkochen lassen. Dann die Brühe hinzufügen und ebenfalls einkochen lassen. Tomatenstücke und Gewürze dazugeben und die Suppe mit geschlossenem Deckel bei schwacher Hitze noch 40 bis 50 Minuten köcheln lassen.

Währenddessen für die Rouille alle Zutaten in einem hohen Rührbecher mit dem Stabmixer fein pürieren und in eine kleine Schale füllen. Die Makrele abtropfen lassen, in Stücke zupfen und wie Frühlingszwiebelstreifen und Parmesan separat in kleine Schalen füllen.

Zum Servieren die Bouillabaisse im Topf mit dem Stabmixer pürieren. Auf tiefe Teller oder Schalen verteilen und Rouille, Makrele, Frühlingszwiebeln und Parmesanspäne dazu reichen.

Einfach gesund essen:

Fenchel war schon im Mittelalter als Heilpflanze bekannt. Neben ihren pharmazeutischen Eigenschaften hat die Fenchelknolle auch alle Qualitäten einer echten Mineralstoff- und Vitaminbombe: Sie enthält das für die Kollagenbildung unerlässliche Vitamin C sowie beträchtliche Mengen an knochenschützendem Magnesium und Kalzium sowie Kalium, Eisen und Folsäure.

Lauch-Blaubeer-Suppe mit Kürbiskernen und Shiitake

Für 2 Personen | Zubereitung: 20 Minuten
Nährwerte pro Portion: ca. 465 kcal, 9 g EW, 35 g F, 24 g KH

Zutaten:

4 Schalotten
200 g Lauch (das Weiße)
1 Fenchelknolle
50 g Knollensellerie
180 g tiefgekühlte Blaubeeren plus 1 TL zum Garnieren (frisch oder tiefgekühlt)
2 EL Rapsöl
150 g vegane Gemüsebrühe
200 g Soja Cuisine
frisch geriebene Muskatnuss
Salz, Pfeffer
120 g Shiitake-Pilze
10 g Kürbiskerne
1 TL Kürbiskernöl

Zubereitung:

Die Schalotten schälen und fein hacken. Den Lauch putzen, waschen und in dünne Ringe schneiden. Fenchel und Sellerie putzen, waschen bzw. schälen und klein würfeln. Die Beeren rechtzeitig auftauen lassen.

Etwas Rapsöl in einem Topf erhitzen und Schalotten, Lauch, Fenchel und Sellerie darin farblos anschwitzen. Die Blaubeeren dazugeben und kurz mitschwenken. Mit der Brühe ablöschen und die Soja Cuisine angießen. Alles mit 1 Prise Muskatnuss, Salz und Pfeffer würzen und mit geschlossenem Deckel noch etwa 10 Minuten köcheln lassen. Anschließend alles im Topf mit dem Stabmixer fein pürieren, warm halten.

Währenddessen für die Einlage die Shiitake putzen, falls nötig, trocken abreiben und in Scheiben schneiden. Dann mit den Kürbiskernen in einer Pfanne im übrigen Rapsöl anschwitzen.

Zum Servieren die Suppe auf tiefe Teller verteilen, jeweils mit Shiitake-Pilzen, Kürbiskernen und Blaubeeren garnieren und mit etwas Kürbiskernöl beträufeln.

Einfach gesund essen:

Shiitake-Pilze, die „Könige der Heilpilze", enthalten neben nahrhaftem Protein auch Mineralstoffe wie Kalium, Zink, Eisen und Phosphor, die Vitamine B1, B2 und B3 sowie unverdauliche Ballaststoffe. Besonders hervorzuheben sind Lentinan, ein Wirkstoff aus der Gruppe der Beta-Glucane, und das antientzündliche Terpen Eritradin.

Räuchertofu mit Harzer Roller und Gurke

Für 2 Personen | Zubereitung: 5 Minuten
Nährwerte pro Portion: ca. 335 kcal, 54 g EW, 9 g F, 5 g KH

Zutaten:

200 g geräucherter Tofu
5 Taler Harzer Roller
3 Gewürzgurken
1 EL gehackte Petersilie
1 EL körniger Senf
1 TL Leinöl

Zubereitung:

Den Tofu in dünne Scheiben schneiden. Die Harzer Roller ebenfalls in dünne Scheiben schneiden. Die Gewürzgurken abtropfen lassen und in Scheiben schneiden. Tofu, Harzer und Gurken auf Teller verteilen. Mit der Petersilie bestreuen und alles mischen. Zuletzt mit Senf garnieren und mit dem Leinöl beträufeln. Der Salat eignet sich auch super zum Mitnehmen – dazu einfach alle Zutaten in eine Plastikbox schichten.

Einfach gesund essen:

Leinöl, Weizenkeimöl, Hanföl oder Chiaöl sollten unter Ausschluss von Sauerstoff, Hitze und Licht (im Oxyguard- oder Omega-Safe-Verfahren) hergestellt sein. Optimal wirken Lein- und Weizenkeimöl kombiniert.

Mango-Tomaten-Salat mit Räuchertofu

Für 2 Personen | Zubereitung: 10 Minuten
Nährwerte pro Portion: ca. 230 kcal, 17 g EW, 12 g F, 12 g KH

Zutaten:

1 TL helle Sesamsamen
200 g geräucherter Tofu
5 bunte Cocktailtomaten
100 g Mangowürfel (frisch oder tiefgekühlt)
1 EL pflanzliche Frischkäsealternative auf Sojabasis
1 TL Leinöl
Salz

Zubereitung:

Den Sesam in einer Pfanne ohne Fett hell rösten. Herausnehmen und abkühlen lassen. Inzwischen den Tofu in Würfel schneiden. Die Cocktailtomaten waschen und halbieren. In einer Schüssel Tofu, Mango und Tomaten mischen und den Salat auf Teller verteilen. Den Frischkäse mit dem Leinöl gründlich verrühren und auf den Salat setzen. Zuletzt alles mit 1 Prise Salz und dem gerösteten Sesam bestreuen.

Einfach gesund essen:

Mango enthält in passablen Mengen Vitamin C und Beta-Carotin. Diese Vorstufe von Vitamin A ist wichtig für die Zellerneuerung des Knorpelgewebes und das Immunsystem. Außerdem wirkt sich die ballaststoffreiche Mango positiv auf die Darmflora aus.

Spinat-Rucola-Salat mit gebackener Roter Bete

Für 2 Personen | Zubereitung: 20 Minuten | Garen: 20 Minuten
Nährwerte pro Portion: ca. 845 kcal, 15 g EW, 78 g F, 25 g KH

Zutaten:

Für die Roten Beten:
4 Rote Beten (vorgegart und vakuumiert)
Öl zum Beträufeln
4 EL blanchierte Mandeln
4 EL geschälte Hanfsamen

Für das Dressing:
1 Handvoll Rucola
25 g körniger Senf
100 ml Olivenöl
1½ EL veganer Essig
2½ EL kaltes Wasser
1 Spritzer Dattelsirup
Salz, Pfeffer

Außerdem:
4 Handvoll junger Spinat
2 Handvoll Rucola

Zubereitung:

Für die Roten Beten den Backofen auf 200 °C vorheizen. Ein Backblech vorbereiten. Die Roten Beten in Spalten schneiden (Achtung, die Knollen färben stark ab!) und auf dem Backblech verteilen. Mit etwas Öl beträufeln und im Ofen auf der mittleren Schiene etwa 20 Minuten garen, dabei Mandeln und Hanfsamen während der letzten 7 Minuten mitrösten. Herausnehmen und vor dem Servieren kurz abkühlen lassen.

Inzwischen für das Dressing den Rucola verlesen, waschen und trocken tupfen. Mit den übrigen Dressingzutaten im Mixer oder in einem hohen Rührbecher mit dem Stabmixer fein pürieren. Spinat und Rucola verlesen, waschen und trocken schütteln. Beides in einer Salatschüssel mit 2 bis 3 EL Dressing mischen (Rest anderweitig verwenden). Zum Servieren die Rote-Bete-Spalten und den Salat auf Teller verteilen.

Tipp:
Wer sich flexitarisch ernähren möchte, kann anstelle der Roten Beten auch pro Person etwa 100 g Hähnchenbrust- oder Fischfilet (am besten aus Öko-Zucht) in wenig Fett ausbraten und zum Salat servieren.

Einfach gesund essen:

Rote Bete enthält das Antixodans Betalain, das der Knolle ihre tiefrote Farbe verleiht, aber auch dabei hilft, Zellen zu reparieren, in denen Entzündungsprozesse ablaufen. Die fast ganzjährig erhältliche Knolle fördert außerdem die Durchblutung und enthält große Mengen der entzündungshemmenden Mineralstoffe Kalium und Magnesium.

Endiviensalat mit Aioli und Blumenkohl-Wings

Für 4 Personen | Zubereitung: 20 Minuten | Einweichen: 12 Stunden (über Nacht) | Garen: 20 Minuten
Nährwerte pro Portion: ca. 325 kcal, 9 g EW, 22 g F, 18 g KH

Zutaten:

Für die Aioli:
50 g blanchierte Mandeln
etwas abgeriebene Schale und Saft von 1 Bio-Zitrone
1 Zehe konfierter Knoblauch (siehe Tipp Seite 106) mit 2 EL Einlegeöl
1 Prise Salz
¼ Bund gehackte Petersilie

Für den Blumenkohl:
1 Blumenkohl
1 Stängel Zitronengras
1 gehackte Peperonischote
1 gehackte Knoblauchzehe
25 g geriebener Bio-Ingwer (mit Schale)
50 ml Dattelsirup
etwas abgeriebene Schale und Saft von 1 Bio-Limette
1 TL geräuchertes Paprikapulver
¼ TL Currypulver
½ TL Meersalz
50 g natives Kokosöl
1 Kopf Endiviensalat
1 Spritzer Zitronensaft
gemahlener Kümmel | Salz
Nelkenpulver

Zubereitung:

Am Vortag für die Aioli die Mandeln mit Wasser bedeckt etwa 12 Stunden, am besten über Nacht, einweichen.

Am nächsten Tag den Backofen auf 200 °C vorheizen. Ein Backblech vorbereiten. Den Blumenkohl putzen, waschen und in Röschen teilen.

Für die Marinade vom Zitronengras die welken Außenblätter und die obere, trockene Hälfte entfernen, die untere Hälfte fein hacken. Das Zitronengras mit Peperoni, Knoblauch, Ingwer, Dattelsirup, Limettenschale und -saft, Paprikapulver, Currypulver, Meersalz und Kokosöl im Mixer zu einer Paste verarbeiten. Den Blumenkohl in der Marinade gründlich wenden, auf dem Backblech verteilen und im Ofen auf der mittleren Schiene etwa 20 Minuten garen. Herausnehmen und vor dem Servieren kurz abkühlen lassen.

Währenddessen für die Aioli die Mandeln in ein Sieb abgießen, abtropfen lassen und mit den übrigen Zutaten im Mixer fein pürieren. Vom Salat die äußeren Blätter entfernen. Den Salat in einzelne Blätter teilen, waschen, trocken schütteln und nach Belieben in Streifen schneiden. Mit Zitronensaft sowie je 1 Prise Kümmel und Salz würzen. Zum Servieren den Endiviensalat und die Blumenkohl-Wings auf Teller verteilen, alles mit der Aioli beträufeln und mit 1 Prise Nelkenpulver bestreuen.

Tipp:

Wer sich flexitarisch ernährt, kann pro Person etwa 100 g Hähnchenbrust- oder Fischfilet (am besten aus Öko-Zucht) in der Marinade einlegen und in einer Pfanne ausgebraten zum Salat servieren.

Bunte Möhren mit Coconaise und Hanfsamen

Für 2 Personen | Zubereitung: 20 Minuten | Garen: 30 Minuten
Nährwerte pro Portion: ca. 1240 kcal, 12 g EW, 114 g F, 19 g KH

Zutaten:

8 bunte Bio-Möhren | 1 EL Öl
1 Schalotte
2 Zweige Thymian
6 Pfefferkörner
1 Lorbeerblatt
50 ml Weißweinessig
¼ l Weißwein | Salz
4 Eigelbe (Größe S; ca. 80 g)
200 g zerlassenes natives Kokosöl
je 1 EL gehackter Estragon und Kerbel
2 EL Parmesanspäne
1 EL geröstete geschälte Hanfsamen

Zubereitung:

1 Den Backofen auf 200 °C vorheizen. Die Möhren waschen, längs halbieren, mit dem Öl bestreichen und auf einem Backblech verteilen. Im Ofen auf der mittleren Schiene etwa 30 Minuten garen.

2 Für die Coconaise Schalotte schälen und hacken. Mit Thymian, Pfeffer, Lorbeer, Essig, Wein und Salz in einem Topf offen auf ein Drittel einkochen lassen. Alles durch ein Sieb gießen, Gewürze entfernen.

3 Die Eigelbe zur leicht abgekühlten Reduktion geben, alles bei mittlerer Hitze mit einem Schneebesen cremig aufschlagen. Das Kokosöl langsam unterrühren, die Coconaise vom Herd nehmen.

4

Zuletzt die Kräuter unterheben. Die Möhren auf Teller verteilen und großzügig mit der Coconaise beträufeln. Mit Parmesanspänen und gerösteten Hanfsamen bestreuen.

Einfach gesund essen:

Natives Kokosöl enthält mittelkettige Fettsäuren, die im Gegensatz zu anderen gesättigten Fettsäuren gesundheitsförderlich im Stoffwechsel wirken – nämlich antioxidativ, entzündungshemmend und antibakteriell. Zu diesen Fettsäuren zählt die wertvolle Laurinsäure, die in der Leber sofort in Energie umgewandelt und nicht in den Fettzellen eingelagert wird.

Auberginen-Süßkartoffel-Gröstl aus dem Ofen

Für 2 Personen | Zubereitung: 10 Minuten | Garen: 30 Minuten
Nährwerte pro Portion: ca. 190 kcal, 5 g EW, 4 g F, 29 g KH

Zutaten:

1 Aubergine
1 Süßkartoffel
1 Spritzer kalt gepresstes geröstetes Sesamöl
2 EL Teriyaki-Sauce
6 Himbeeren
¼ Bund Petersilie
2 EL pflanzliche saure Sahne
¼ TL geröstete helle Sesamsamen

ÜBUNGSZEIT

Zubereitung:

Den Backofen auf 180 °C vorheizen. Ein Backblech mit Backpapier belegen. Die Aubergine putzen, waschen und den Strunk entfernen. Die Süßkartoffel putzen und schälen. Beides in etwa 1 cm große Würfel schneiden, mit Sesamöl und Teriyaki-Sauce gleichmäßig mischen und auf dem Blech verteilen. Aubergine und Süßkartoffel im Ofen auf der mittleren Schiene etwa 30 Minuten garen.

Inzwischen die Beeren verlesen, waschen und trocken tupfen. Die Petersilie waschen, trocken tupfen, Blätter abzupfen und grob hacken.

Zum Servieren das Gemüse aus dem Ofen nehmen und auf Teller verteilen. Jeweils einen Klecks saure Sahne und ein paar Himbeeren daraufsetzen, mit geröstetem Sesam und Petersilie garnieren.

Einfach gesund essen:

Bereits in kleinen Mengen bietet Petersilie zahlreiche gesundheitliche Vorteile. Das Kraut enthält viele wichtige Nährstoffe (z. B. die Vitamine A, C und K) sowie Antioxidantien: Roh verzehrt liefert Petersilie mehr Vitamin C als eine Zitrone. Die in dem Kraut ebenfalls enthaltenen Oxalsäuren sind allerdings Kalziumräuber (siehe Seite 29). Deshalb sollten Sie Petersilie am besten immer mit Zutaten kombinieren, die reich an dem knochenbildenden Mineralstoff sind.

Püree mit Ofenfenchel und Kapernfrischkäse

Für 2 Personen | Zubereitung: 15 Minuten | Garen: 30 Minuten
Nährwerte pro Portion: ca. 635 kcal, 13 g EW, 39 g F, 55 g KH

Zutaten:

1 Fenchelknolle
3 Cocktailtomaten
1 Spritzer Olivenöl
Salz
4 ofengegarte Möhren (vom Vortag)
3 ofengegarte Kartoffeln (vom Vortag)
1 EL vegane Margarine
250 g pflanzliche Frischkäsealternative auf Sojabasis
abgeriebene Schale und Saft von ½ Bio-Zitrone
Pfeffer
2 EL gehackte Kapern

Zubereitung:

Den Backofen auf 180 °C vorheizen. Ein Backblech mit Backpapier belegen. Den Fenchel putzen, waschen und halbieren, den harten Strunk entfernen. Die Tomaten waschen und halbieren. Beides separat mit Öl mischen und salzen. Den Fenchel auf dem Blech verteilen und im Ofen auf der mittleren Schiene etwa 30 Minuten garen. Dabei etwa 10 Minuten vor Ende der Garzeit die Tomaten mit aufs Blech legen.

Inzwischen Möhren und Kartoffeln nach Belieben pellen, grob würfeln und in einer Pfanne in der Margarine anschwitzen. Dann in einem hohen Rührbecher mit dem Stabmixer fein pürieren. Frischkäse mit Zitronenschale und -saft, Salz, Pfeffer und Kapern gründlich verrühren.

Zum Servieren das Püree auf Teller verteilen. Die gebackenen Fenchelhälften aus dem Ofen nehmen und auf das Püree setzen, mit Frischkäse-Kapern-Mix und Tomaten vom Blech anrichten. Nach Belieben mit einigen Spitzen Fenchelgrün garnieren.

Tipp:
Dazu passt pro Portion etwa 100 g gebratenes Bio-Fisch- oder Hähnchenbrustfilet – für alle, die ab und zu tierisches Eiweiß essen möchten.

Einfach gesund essen:

Wenn stärkehaltige Nahrungsmittel wie Kartoffeln, Reis oder Nudeln nach dem Garen abkühlen, entsteht resistente Stärke (siehe Seite 37). Dabei verändern die Kohlenhydrate ihre chemische Struktur, sodass sie lange satt halten. Resistente Stärke ist deshalb ideal zum Abnehmen.

Kräuterpfannkuchen mit Spinat-Feta-Füllung

Für 2 Personen | Zubereitung: 30 Minuten
Nährwerte pro Portion: ca. 470 kcal, 7 g EW, 29 g F, 44 g KH

Zutaten:

Für die Pfannkuchen:
75 g Mehl
175 ml ungesüßter Haferdrink
50 g gehackte Petersilie
Salz
frisch geriebene Muskatnuss
1 Spritzer Öl

Für die Füllung:
3 Handvoll junger Spinat
1 Handvoll Wirsingblätter
½ Peperonischote
4 bunte Cocktailtomaten
Öl
½ vegane Feta-Alternative (ca. 100 g)
Salz, Pfeffer
frisch geriebene Muskatnuss

Zubereitung:

Für die Pfannkuchen aus Mehl, Haferdrink, Petersilie, je 1 Prise Salz und Muskatnuss in einer Rührschüssel mit einem Schneebesen einen glatten Teig anrühren. In einer kleinen beschichteten Pfanne (ca. 18 cm Durchmesser) etwas Öl erhitzen und aus dem Teig 4 Pfannkuchen ausbacken. Herausnehmen und auf einem Teller beiseitestellen.

Für die Füllung Spinat und Wirsing verlesen, waschen und trocken schütteln, dabei grobe Stiele entfernen, und den Wirsing in Streifen schneiden. Die Peperoni längs halbieren, entkernen, waschen und in Streifen schneiden. Die Tomaten waschen und vierteln.

Eine Pfanne mit wenig Öl einfetten und schonend erwärmen, Spinat und Wirsing darin anschwitzen. Die Peperoni und Tomaten dazugeben und kurz mit anschwitzen. Den Fetakäse darüberbröseln und alles mit Salz, Pfeffer und etwas Muskatnuss abschmecken.

Zum Servieren die Pfannkuchen auf Teller setzen und mit der Füllung belegen. Nach Belieben mit roter Kresse oder Sprossen garnieren.

Einfach gesund essen:

Wirsing, Brokkoli, Blumenkohl, Weißkohl und Rosenkohl wie auch andere Gemüse aus der Gattung der Kreuzblütler sind vollgepackt mit Antioxidantien, Flavonoiden, Carotinoiden und Vitamin C. Diese Mikronährstoffe helfen, oxidativen Stress im Körper zu reduzieren und chronische Entzündungen zu bekämpfen.

Sellerie-Kokos-Rendang

Für 4 Personen | Zubereitung: 50 Minuten
Nährwerte pro Portion: ca. 405 kcal, 6 g EW, 36 g F, 10 g KH

ÜBUNGSZEIT

Zutaten:

2 Stängel Zitronengras
30 g Bio-Galgant (ersatzweise Bio-Ingwer)
30 g Bio-Ingwer (mit Schale)
½ Peperonischote
5 Kaffir-Limettenblätter
etwas abgeriebene Schale und Saft von 1 Bio-Limette
2 Zehen konfierter Knoblauch (siehe Tipp Seite 106) | Salz
½ l Kokosmilch
1 kg Knollensellerie
2 Schalotten
1 Handvoll junger Spinat
einige geröstete Kokosraspel

Zubereitung:

1 Zitronengras putzen und längs halbieren. Galgant und Ingwer putzen und grob schneiden. Peperoni längs halbieren, entkernen und waschen. Limettenblätter waschen, trocken tupfen, Strunk entfernen.

2 Vorbereitete Zutaten mit Limettenschale und -saft, Knoblauch, 1 Prise Salz und Kokosmilch mit geschlossenem Deckel etwa 30 Minuten köcheln lassen. Durch ein Sieb gießen, Gewürze entfernen.

3 Sellerie putzen, schälen und grob würfeln. Schalotten schälen und fein hacken. Beides ohne Fett kurz anschwitzen, mit der würzigen Kokosmilch aufgießen und offen etwa 12 Minuten einkochen.

4

Zum Servieren den Spinat verlesen, waschen und trocken schütteln. Zum Curry geben und mit Salz abschmecken. Das Curry auf tiefe Teller verteilen und mit den gerösteten Kokosraspeln bestreuen.

Einfach gesund essen:

Der Knollensellerie verleiht mit seinem kräftigen Aroma vielen Suppen und Saucen ihre typische Note. Das Wurzelgemüse ist vielseitig einsetzbar und schmeckt roh wie gegart. Es liefert wenig Kalorien, dafür aber jede Menge Vitamine und Mineralstoffe, die gut für die Gelenkgesundheit sind – allen voran Vitamin C und Kalzium.

Rotweinzwiebeltarte mit Mandelcreme

Für 1 Tarteform (ca. 28 cm Durchmesser; 4 Stücke) | Zubereitung: 15 Minuten | Backen: 20 Minuten
Nährwerte pro Stück: ca. 330 kcal, 9 g EW, 20 g F, 20 g KH

Zutaten:

Für die Rotweinzwiebeln:
4 rote Zwiebeln
200 ml Rotwein

Für die Mandelcreme:
1 Flax Egg (siehe Seite 52)
100 g gemahlene, blanchierte Mandeln (Mandelmehl)
100 g Soja Cuisine
Salz

Außerdem:
1 veganer Dinkel-Pizzateigboden (aus dem Bioladen)
1 Handvoll Cocktailtomaten

ÜBUNGSZEIT

Zubereitung

Den Backofen auf 200 °C vorheizen. Die Form mit Backpapier auslegen. Die Zwiebeln schälen und in etwa 1½ cm dicke Scheiben schneiden. In einer Pfanne im Rotwein erhitzen und offen so lange garen, bis der Wein fast vollständig eingekocht ist. Vom Herd nehmen.

Für die Mandelcreme Flax Egg, Mandelmehl, Soja Cuisine und 1 Prise Salz in einer Rührschüssel mit einem Schneebesen gründlich verrühren.

Den Pizzaboden in die Form legen und mehrmals mit einer Gabel einstechen. Die Mandelcreme darauf verstreichen und die Zwiebeln darüber verteilen. Tomaten waschen, halbieren und ebenfalls daraufsetzen.

Die Tarte im Ofen auf der mittleren Schiene etwa 20 Minuten backen. Herausnehmen und vor dem Servieren kurz abkühlen lassen. Zum Servieren nach Belieben mit einem marinierten Kräutersalat mit 1 EL Pesto (z. B. von den gebackenen Bohnen, siehe Seite 116) toppen.

Einfach gesund essen:

Besser geschützt vor Arthrose sind Patienten mit einem hohen Anteil an Zwiebeln, Lauchgemüse und Knoblauch in ihrer Ernährung. Denn ein besonderer Wirkstoff der Zwiebelgewächse, das Diallylsulfid, hat im Labor eine knorpelschützende Wirkung gezeigt. Der Stoff inaktivierte knorpelabbauende Enzyme und Entzündungsstoffe – dadurch wird der Gelenkknorpel direkt geschützt.

Pasta mit Peperonata

Für 4 Personen | Zubereitung: 25 Minuten | Garen: 20 Minuten
Nährwerte pro Portion: ca. 415 kcal, 13 g EW, 14 g F, 50 g KH

Zutaten:

4 rote Paprikaschoten
1 Schalotte
1 Knoblauchzehe
3 EL Kapern mit 1 TL Kapern-einlegewasser
4 EL Olivenöl
80 ml vegane Gemüsebrühe
320 g Vollkornpasta
Salz
¼ TL getr. Rosmarin
8 schwarze Oliven (entsteint)

Zubereitung:

Für die Peperonata den Backofen auf 160 °C vorheizen. Ein Backblech vorbereiten. Die Paprikaschoten halbieren, entkernen und waschen. Die Hälften von 2 Paprika mit der Hautseite nach oben nebeneinander auf das Blech legen und im Ofen auf der mittleren Schiene 15 bis 20 Minuten garen. Herausnehmen und abkühlen lassen, dann die Haut abziehen und die Paprikahälften in etwa 2 cm große Stücke schneiden.

Inzwischen die Hälften der übrigen 2 Paprikaschoten klein würfeln. Schalotte und Knoblauch schälen und mit den Kapern fein hacken.

Das Öl in einem Topf erhitzen und Schalotte und Knoblauch darin farblos anschwitzen. Die Paprikawürfel und 2 EL Kapern hinzufügen. Die Brühe und das Kaperneinlegewasser dazugießen und alles mit geschlossenem Deckel einige Minuten schmoren, bis die Paprika weich ist.

Währenddessen die Pasta in reichlich kochendem Salzwasser nach Packungsanweisung bissfest garen. In ein Sieb abgießen, kurz abtropfen lassen und mit der Peperonata mischen. Zum Servieren die Pasta auf Teller verteilen und mit übrigen Kapern, Rosmarin und Oliven garnieren. Wer will, wäscht ein paar Salbeiblätter und schwitzt sie in einer Pfanne in veganer Margarine an – zum Servieren einfach über die Pasta geben!

Einfach gesund essen:

Rote Gemüsepaprika sind echte Vitamin-C-Bomben. Vitamin C hilft, Knochen und Knorpel zu erhalten, denn es ist am Aufbau von Kollagen und Proteoglykanen beteiligt – wichtigen Bestandteilen von Knorpel, Sehnen, Bändern und Knochen. Außerdem wirkt Vitamin C antioxidativ und kann Entzündungen und Schäden an Gelenken reduzieren.

Brokkoli-Dumplings mit Brombeer-Minz-Tunke

Für 2 Personen | Zubereitung: 25 Minuten | Ruhen: 20 Minuten
Nährwerte pro Portion: ca. 525 kcal, 17 g EW, 13 g F, 40 g KH

Zutaten:

Für den Teig:
190 g Mehl
½ TL Backpulver
½ TL Salz
120 ml kochendes Wasser
2 EL gehacktes Koriandergrün (ersatzweise andere Kräuter nach Wahl)
Mehl zum Arbeiten

Für die Füllung:
2–3 Brokkoliröschen und ½ Brokkolistrunk
1 Zehe konfierter Knoblauch (siehe Tipp Seite 106) mit 1 TL Einlegeöl
¼ TL gemahlene Bio-Kurkuma (mit Schale)
1 EL Kokosmilch
1 Prise gemahlener Koriander
1 EL gehacktes Koriandergrün
Salz

Außerdem:
Salz
2 EL geröstete Kürbiskerne

Zubereitung:

Für den Teig das Mehl mit Backpulver und Salz in einer Rührschüssel mischen. Das kochend heiße Wasser dazugeben und alles mit den Knethaken des Handrührgeräts etwa 10 Minuten kneten. Den Teig zugedeckt etwa 20 Minuten ruhen lassen.

Inzwischen für die Füllung den Brokkoli putzen, waschen und fein hacken. Das Einlegeöl des Knoblauchs in einer Pfanne erhitzen und den Brokkoli darin kurz anschwitzen. Knoblauch, Kurkuma, Kokosmilch und beide Koriander unterrühren, alles salzen und abkühlen lassen.

Nach dem Ruhen den Teig mit dem Koriandergrün verkneten und auf der leicht bemehlten Arbeitsfläche möglichst dünn ausrollen. Mit einem Servierring Kreise (à ca. 8 cm Durchmesser) ausstechen. Auf jeden Kreis 1 TL Brokkolimasse setzen, die Teigränder mit Wasser bestreichen und verschließen, dabei gut andrücken. In einem großen Topf ausreichend Salzwasser aufkochen und die Dumplings darin offen 2 bis 3 Minuten köcheln lassen. Sobald sie nach oben steigen, sind sie fertig. Die Dumplings am besten lauwarm servieren und mit Kürbiskernen bestreuen, dazu passt eine Brombeer-Minz-Tunke (siehe Tipp).

Tipp:

Für eine Brombeer-Minz-Tunke 3 EL Mirin-Würzsauce (z. B. von Arche; ersatzweise Essig), 1 TL Dattelsirup, 1 TL Tamari, abgeriebene Schale und Saft von ½ Bio-Limette, 1 TL No Fish-Sauce, 1 TL kalt gepresstes geröstetes Sesamöl, 60 ml Kokosmilch und 3 bis 4 gehackte Minzblätter gut verrühren. Zuletzt 8 bis 10 tiefgekühlte Brombeeren (aufgetaut) hinzufügen und die Tunke über die Dumplings gießen.

Gefüllte Paprika mit Naturbratreis und Gemüse

Für 2 Personen | Zubereitung: 30 Minuten | Garen: 30 Minuten
Nährwerte pro Portion: ca. 975 kcal, 81 g EW, 26 g F, 95 g KH

Zutaten:

Für die Paprika:
2 Paprikaschoten
Olivenöl zum Beträufeln
250 g Sonnenblumenhack (Fertigprodukt)
1 rote Zwiebel
Saft von 1 Bio-Zitrone
Salz, Pfeffer
1 EL gehackte Petersilie

Für Reis und Gemüse:
160 g Naturreis
Salz
½ Paprikaschote
2–3 breite grüne Bohnen (Stangenbohnen)
2 bunte Möhren
Öl
Pfeffer
2 getr. Soft-Aprikosen
2 EL geröstete Mandelblättchen
¼ TL gemahlene Bio-Kurkuma (mit Schale)
1 TL Ras el Hanout (arab. Gewürzmischung)
2 EL gehackte Petersilie

Zubereitung:

Für die Paprika den Backofen auf 180 °C vorheizen. Ein Backblech mit Backpapier belegen. Die Paprikaschoten längs halbieren, putzen und waschen. Auf das Blech setzen, mit Olivenöl beträufeln und im Ofen auf der mittleren Schiene etwa 30 Minuten garen.

Inzwischen für die Füllung das Sonnenblumenhack nach Packungsanweisung zubereiten (in einer Schüssel mit kochendem Wasser übergießen, 2 bis 3 Minuten ziehen lassen). Die Zwiebel schälen und fein hacken, in einer beschichteten Pfanne ohne Fett kurz anschwitzen. Das Sonnenblumenhack dazugeben und kurz mitbraten. Mit Zitronensaft, Salz, Pfeffer und Petersilie abschmecken. Vom Herd nehmen.

Für den Bratreis den Reis nach Packungsanweisung in wenig Salzwasser bissfest garen. Für die Gemüsestreifen Paprika und Bohnen putzen, waschen und in Streifen schneiden. Möhren putzen, schälen und ebenfalls in Streifen schneiden. Alles in einer Pfanne in etwas Öl kurz anbraten und mit Salz und Pfeffer würzen, vom Herd nehmen und beiseitestellen.

Die Aprikosen klein würfeln. Den gegarten Reis in einer Pfanne ohne Fett anbraten, Aprikosen, Mandelblättchen und Gewürze dazugeben und alles kurz durchschwenken. Zuletzt die Petersilie unterheben.

Zum Servieren den Bratreis auf Teller verteilen. Die Paprikahälften aus dem Ofen nehmen, mit Sonnenblumenhack-Mix füllen und auf den Reis setzen. Jeweils die Hälfte der Gemüsestreifen darauflegen.

Wer will, kann anstelle der Gemüsestreifen auch die Peperonata von Seite 94 dazu reichen. Diese am besten gleich auf Vorrat zubereiten.

Wirsingrouladen mit Sonnenblumenhack

Für 2 Personen | Zubereitung: 25 Minuten
Nährwerte pro Portion: ca. 815 kcal, 78 g EW, 40 g F, 33 g KH

Zutaten:

2 schöne Wirsingblätter
250 g Sonnenblumenhack (Fertigprodukt)
1 Schalotte
Öl
40 g Sonnenblumenkerne
Salz, Pfeffer
2 kleine Holzspieße
1 Rezept Peperonata zum Servieren (siehe Seite 94)

Zubereitung:

1 Die Wirsingblätter in kochendem Wasser 2 bis 3 Minuten blanchieren, der Strunk soll dabei noch bissfest bleiben. Herausnehmen, kurz in Eiswasser tauchen und auf Küchenpapier abtropfen lassen.

2 Das Sonnenblumenhack nach Packungsanweisung zubereiten (in einer Schüssel mit kochendem Wasser übergießen, 2 bis 3 Minuten ziehen lassen). Die Schalotte schälen und fein hacken.

3 Etwas Öl in einer Pfanne erhitzen und Schalotte, Sonnenblumenkerne und Sonnenblumenhack darin unter Rühren anschwitzen. Vom Herd nehmen und alles mit Salz und Pfeffer abschmecken.

4

Jedes Wirsingblatt mit der Hälfte der Hackmasse füllen, die Seiten einklappen und die Blätter kompakt aufrollen, mit Holzspießen fixieren. Zum Servieren Röllchen und Peperonata nochmals erwärmen.

Einfach gesund essen:

Sonnenblumenhack ist reich an hochwertigem pflanzlichem Eiweiß sowie den Vitaminen B1 und B6. Mit diesem Produkt kann man alles kochen, was man in der Küche mit Hackfleisch anstellen kann, garantiert ohne künstliche Inhaltsstoffe, wie sie in vielen anderen Fleischersatzprodukten enthalten sind. Die Sonnenblumenkerne werden hierfür in einem speziellen Verfahren entölt, sodass ein fast fettfreies Proteinpulver übrig bleibt.
Bei Sonnenblumenöl ist dagegen Vorsicht geboten: Ernährungsfachleute kritisieren, dass es zwar viel Vitamin E, aber zu viele unerwünschte Omega-6-Fettsäuren enthält.

Vollkornpizza mit Tomaten und Rucola

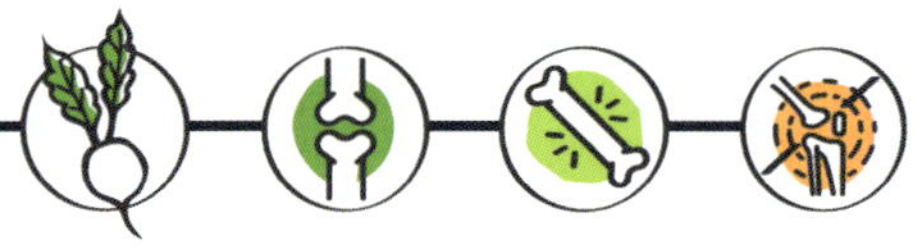

Für 4 Personen | Zubereitung: 1 Stunde 45 Minuten | Backen: 10 Minuten
Nährwerte pro Portion: ca. 405 kcal, 14 g EW, 15 g F, 51 g KH

Zutaten:

1 Dose stückige Tomaten (200 g)
1 EL Kapern
Salz, Pfeffer
1 TL Olivenöl
je ¼ TL getr. Thymian und Rosmarin
12 bunte Cocktailtomaten
1 Handvoll Rucola
1 veganer Vollkorn-Pizzateigboden (aus dem Bioladen)
2 EL geröstete Mandelblättchen
5 schwarze Oliven
40 g geriebener veganer Parmesan
grobes Salz
1 EL Basilikumöl (Olivenöl mit gehacktem Basilikum)

ÜBUNGSZEIT

Zubereitung:

Die Tomatenstücke in einem Topf mit Kapern, 1 Prise Salz, Pfeffer, Öl und Kräutern aufkochen und offen etwa 1½ Stunden einköcheln lassen. Bei Bedarf noch etwas Wasser dazugeben, am Ende die Tomatensauce mit Salz und Pfeffer abschmecken.

Inzwischen den Backofen auf 230 °C vorheizen. Ein Backblech mit Backpapier belegen. Die Cocktailtomaten waschen und halbieren. Den Rucola verlesen, waschen und trocken schütteln.

Den Pizzateig auf dem Blech ausrollen und mit der Tomatensauce bestreichen. Cocktailtomaten, Mandelblättchen und Oliven auf der Pizza verteilen. Die Pizza im Ofen auf der mittleren Schiene 8 bis 10 Minuten knusprig backen.

Die Pizza aus dem Ofen nehmen und mit Parmesan bestreuen. Den Rucola darauf verteilen, alles mit grobem Salz bestreuen und zuletzt mit dem Basilikumöl beträufeln. Zum Servieren in Stücke schneiden.

Einfach gesund essen:

Scharfe Senföle und Bitterstoffe verleihen dem Rucola nicht nur seinen intensiven Geschmack, sondern haben auch zahlreiche positive Wirkungen auf die Gesundheit. So fördern Bitterstoffe die Verdauung und können beim Abnehmen helfen. Außerdem liefert Rucola satte 62 mg Vitamin C pro 100 g – und das schützt unsere Knorpel.

Auberginen mit Hummus und Thymianziegenkäse

Für 2 Personen | Zubereitung: 15 Minuten | Einweichen: 3 Stunden | Garen: 15 Minuten | Grillen: 3 Minuten
Nährwerte pro Portion: ca. 805 kcal, 23 g EW, 59 g F, 42 g KH

ÜBUNGSZEIT

Zutaten:

Für den Ziegenkäse:
2 EL blanchierte Mandeln
2 EL Rosinen
2 TL getr. Thymian
2 EL Honig
6 Scheiben Ziegenkäserolle (nicht zu dünn)

Für den Hummus:
125 g Kichererbsen (aus der Dose)
1 Zehe konfierter Knoblauch (siehe Tipp Seite 106)
1 TL Tahin (Sesampaste)
abgeriebene Schale und Saft von ½ Bio-Zitrone
50 g Olivenöl
1 Prise Salz

Für die Auberginen:
2 kleine Auberginen
2 TL Olivenöl
Salz
2 EL gehackte Petersilie

Zubereitung:

Für den Ziegenkäse die Mandeln mit Wasser bedeckt mindestens 3 Stunden einweichen. Währenddessen für den Hummus die Kichererbsen in einem Sieb abbrausen und abtropfen lassen. Mit den übrigen Zutaten im Mixer cremig pürieren.

Für die Auberginen den Backofen auf 180 °C vorheizen. Ein Backblech mit Backpapier belegen. Die Auberginen putzen, waschen und grob würfeln, mit Öl und Salz mischen und auf dem Blech verteilen. Im Ofen auf der mittleren Schiene etwa 15 Minuten garen. Herausnehmen und mit der Petersilie mischen.

Den Backofengrill auf 200 °C vorheizen. Mandeln abgießen und grob hacken, dann mit Rosinen, Thymian und Honig mischen. Ziegenkäsescheiben nebeneinander auf das Blech setzen und mit dem Mandel-Mix bestreuen. Im Ofen auf der mittleren Schiene etwa 3 Minuten grillen.

Zum Servieren die Auberginen auf Teller verteilen und je 3 Ziegenkäsescheiben daraufsetzen. Den Hummus dazu reichen und alles nach Belieben noch mit Dukkah (siehe Seite 112) bestreuen.

Tipp:

Wer will, kann den Hummus auch abwandeln, indem er etwas frisch geriebene Bio-Kurkuma oder gehackte Kräuter nach Wahl untermischt. Auch der Rote-Bete-Hummus von Seite 112 passt zu den Auberginen.

Ofenkartoffeln mit Farofa und Erbsen-Kräuter-Pesto

Für 2 Personen | Zubereitung: 20 Minuten | Garen: 20 Minuten
Nährwerte pro Portion: ca. 665 kcal, 9 g EW, 36 g F, 72 g KH

Zutaten:

Für die Ofenkartoffeln:
4 Pellkartoffeln (vom Vortag)
1 EL Olivenöl | Salz

Für die Farofa:
1 EL natives Kokosöl
40 g Farofa (geröstetes Maniokmehl)
1 Zehe konfierter Knoblauch (siehe Tipp)
1 EL gehackte Peperonischote
1 EL gehackter Bio-Ingwer (mit Schale)

Für das Pesto:
200 g tiefgekühlte Erbsen (aufgetaut)
abgeriebene Schale und Saft von ½ Bio-Zitrone
1 TL gehackte Peperonischote
1 TL gehackter Bio-Ingwer (mit Schale)
je ¼ Bund gehackte Minze, Koriandergrün und Petersilie
2 Zehen konfierter Knoblauch
1 Spritzer Dattelsirup
150 g Olivenöl
½ TL Salz

Zubereitung:

Für die Ofenkartoffeln den Backofen auf 200 °C vorheizen. Ein Backblech mit Backpapier belegen. Die Kartoffeln samt Schale vierteln, mit Öl und Salz mischen und auf dem Blech verteilen. Im Ofen auf der mittleren Schiene etwa 20 Minuten garen. Herausnehmen und servieren.

Währenddessen für die Farofa das Kokosöl in einer Pfanne zerlassen und die Farofa darin unter Wenden anrösten. Knoblauch, Peperoni und Ingwer unterheben. Vom Herd nehmen und beiseitestellen. Für das Pesto alle Zutaten im Mixer mit der Pulsfunktion grob pürieren.

Zum Servieren je 2 bis 3 EL Pesto auf jeden Teller setzen (Rest anderweitig verwenden), 1 großzügige Handvoll Kartoffeln darauf verteilen und mit dem Farofa-Mix bestreuen.

Tipp:

So stellen Sie konfierten Knoblauch für den Vorrat her: 2 Knoblauchknollen in die einzelnen Zehen teilen und diese schälen. Anschließend mit 200 g nativem Kokosöl in einem Topf mit etwas Salz würzen und bei sehr schwacher Hitze etwa 25 Minuten garen, bis sie goldbraun sind. Den Knoblauch in einem Schraubglas im Kühlschrank aufbewahren.

Einfach gesund essen:

Farofa heißt das geröstete Mehl aus der Maniokwurzel. Es ist eine gute Alternative zu Getreidemehlen mit Gluten und lässt sich in der Küche genauso unkompliziert verwenden wie Weizenmehl. Das Plus: reichlich Ballaststoffe und eine gute Portion Kalzium.

Panierte Eier auf Sauerkrautsalat „Kimchi“

Für 2 Personen | Zubereitung: 30 Minuten | Ziehen: 30 Minuten
Nährwerte pro Portion: ca. 515 kcal, 19 g EW, 35 g F, 26 g KH

Zutaten:

Für das Kimchi:
200 g Sauerkraut (aus dem Frischepack; Bioladen)
50 g getr. Soft-Aprikosen
¼ Bund gehacktes Koriandergrün

Für die Marinade:
1 Stängel Zitronengras
1 gehackte Peperonischote
1 gehackte Knoblauchzehe
25 g gehackter Bio-Ingwer (mit Schale)
50 ml Dattelsirup
abgeriebene Schale und Saft von 1 Bio-Limette
1 TL geräuchertes Paprikapulver
¼ TL Currypulver
½ TL Meersalz
50 g natives Kokosöl

Für die Eier:
3 Eier
2 EL Mehl
3 EL gemahlene Kürbiskerne (ersatzweise selbst mahlen)
Öl zum Frittieren

Zubereitung:

Für das Kimchi das Sauerkraut in einem Sieb abtropfen lassen. Die Aprikosen klein würfeln. Sauerkraut, Aprikosen und Koriandergrün mischen.

Die Marinade wie bei den Blumenkohl-Wings beschrieben herstellen (siehe Seite 80). Von der Marinade 1 bis 2 EL in einem kleinen Topf erhitzen, abkühlen lassen und über die Sauerkrautmischung geben (den Rest der Marinade anderweitig verwenden). Kimchi abgedeckt etwa 30 Minuten durchziehen lassen.

Inzwischen 2 Eier in kochendem Wasser etwa 6 Minuten weich kochen. In kaltem Wasser abschrecken und pellen. Das Mehl und die Kürbiskerne jeweils in tiefe Teller geben. Das restliche Ei in einem tiefen Teller verquirlen. Jedes gekochte Ei mit Mehl bestäuben, dann durch das verquirlte Ei ziehen und zuletzt im Kürbiskernmehl panieren.

Reichlich Öl in einem großen Topf oder einer Fritteuse auf 180 °C erhitzen und die panierten Eier darin etwa 3 Minuten rundum goldbraun frittieren. Herausnehmen und auf Küchenpapier abtropfen lassen. Den Kimchi-Salat auf Teller verteilen und jeweils 1 paniertes Ei daraufsetzen. Nach Belieben mit Koriandergrün garnieren.

Tipp:
Sie können über den Kimchi-Salat noch etwas Schwarzkümmelöl geben. Das passt aromatisch wunderbar und liefert außerdem noch mehr wertvolle Inhaltsstoffe: mehrfach ungesättigte Fettsäuren und sekundäre Pflanzenstoffe wie Saponine und Gerbstoffe.

Gefüllte Champignons auf Kurkuma-Linsen

Für 2 Personen | Zubereitung: 30 Minuten | Garen: 10 Minuten
Nährwerte pro Portion: ca. 650 kcal, 22 g EW, 30 g F, 63 g KH

Zutaten:

Für die Pilze:
4 große Champignons
250 g Knollensellerie
6 Scheiben veganes Roggenknäckebrot
Salz, Pfeffer
frisch geriebene Muskatnuss

Für die Linsen:
100 g grobe gelbe Linsen
1 Kaffir-Limettenblatt
1 Msp. frisch geriebene Bio-Kurkuma (mit Schale)
½ TL frisch geriebener Bio-Ingwer (mit Schale)
200 ml Kokosmilch
1 Zehe konfierter Knoblauch (siehe Tipp Seite 106)
Salz, Pfeffer
1 EL Frühlingszwiebelringe

Zubereitung:

Den Backofen auf 180 °C vorheizen. Ein Backblech mit Backpapier belegen. Die Pilze putzen und, falls nötig, trocken abreiben, dabei den Strunk entfernen. Die Pilze nebeneinander mit der Öffnung nach unten auf das Blech legen und im Ofen auf der mittleren Schiene etwa 10 Minuten garen. Herausnehmen und beiseitestellen.

Währenddessen den Sellerie putzen, schälen und auf der Gemüsereibe fein raspeln. Das Knäckebrot zerkrümeln und mit den Sellerieraspeln in einer Pfanne ohne Fett unter Rühren anschwitzen. Mit Salz, Pfeffer und Muskatnuss würzen. Die Pilze mit der Masse füllen.

Inzwischen die Linsen nach Packungsanweisung weich garen. Kaffir-Limettenblatt waschen, trocken tupfen und den Strunk entfernen. Mit Kurkuma und Ingwer in der Kokosmilch bei schwacher Hitze etwa 20 Minuten Aroma ziehen lassen. Anschließend durch ein Sieb abgießen, die Gewürze entfernen. Die gegarten Linsen und den Knoblauch zur Kokosmilch geben und alles mit Salz und Pfeffer abschmecken.

Zum Servieren die Linsen auf Teller verteilen und je 2 gefüllte Champignons daraufsetzen. Mit den Frühlingszwiebelringen garnieren.

Tipp:

In vielen Rezepten gare ich völlig ohne Fett. Das ist auf den ersten Blick vielleicht ungewöhnlich, spart aber einfach Fette. Mit einer beschichteten Pfanne geht das ganz einfach und es brennt garantiert nichts an.

Sommergemüse mit Rote-Bete-Hummus und Dukkah

Für 4 Personen | Zubereitung: 20 Minuten | Garen: 20 Minuten
Nährwerte pro Portion: ca. 505 kcal, 11 g EW, 28 g F, 46 g KH

Zutaten:

Für das Gemüse:
2 Auberginen
2 Fenchelknollen
4 bunte Möhren
2 Süßkartoffeln
3 Tomaten
etwas Olivenöl
Salz

Für den Hummus:
125 g Kichererbsen (aus der Dose)
1 Zehe konfierter Knoblauch (siehe Tipp Seite 106)
1 TL Tahin (Sesampaste)
½ Rote Bete (vorgegart und vakuumiert)
abgeriebene Schale und Saft von ½ Bio-Zitrone
50 g Olivenöl
1 Prise Salz

Für das Dukkah:
je 1 EL helle und dunkle Sesamsamen, Sonnenblumenkerne, Cashewkerne und Fenchelsamen
Salz

Zubereitung:

Den Backofen auf 200 °C vorheizen. Ein Backblech mit Backpapier belegen. Das Gemüse putzen und waschen bzw. schälen und in dünne Scheiben schneiden. Die Tomaten waschen und halbieren, dabei die Stielansätze entfernen. Das Gemüse mit etwas Öl und 1 Prise Salz mischen und auf dem Blech verteilen. Dann im Ofen auf der mittleren Schiene 17 bis 20 Minuten garen.

Währenddessen für den Hummus die Kichererbsen in einem Sieb abbrausen und abtropfen lassen. Mit den übrigen Zutaten im Mixer oder in einem hohen Rührbecher mit dem Stabmixer cremig pürieren.

Für das Dukkah die Samen und Kerne in einer Pfanne ohne Fett hell rösten, herausnehmen und mit 1 Prise Salz im Mörser leicht zerstoßen.

Das Gemüse aus dem Ofen nehmen und auf Teller verteilen oder auf einer Platte anrichten. Den Hummus danebensetzen und alles mit dem Dukkah bestreuen. Wer will, kann das Gericht noch mit Granatapfelkernen verfeinern.

Einfach gesund essen:

Sesamsamen und die in der Orientküche unverzichtbare Sesampaste Tahin sind reich an Kalzium, Magnesium, Eisen und Zink. Der Tagesbedarf eines Erwachsenen an dem Knochenbaustein Kalzium liegt bei 1000 mg (siehe Seite 29). Mit 2 EL Sesamsamen (ca. 30 g) nehmen Sie bereits 180 bis 200 mg auf.

Sellerieschnitzel „Wiener Art“ mit Bratkartoffeln

Für 2 Personen | Zubereitung: 25 Minuten | Garen: 25 Minuten
Nährwerte pro Portion: ca. 570 kcal, 11 g EW, 34 g F, 51 g KH

Zutaten:

400 g Knollensellerie (ca. ½ Knolle)
2–3 EL Mehl
50 g Panko (asiat. Paniermehl)
1 Ei
Öl zum Ausbacken
Salz
8 kleine Pellkartoffeln (z. B. Drillinge; vom Vortag)
etwas Olivenöl
2 TL Preiselbeeren (aus dem Glas)

ÜBUNGSZEIT

Zubereitung:

Den Backofen auf 180 °C vorheizen. Ein Backblech mit Backpapier belegen. Den Sellerie putzen, schälen und in etwa 1 cm dicke Scheiben schneiden. Die Scheiben nebeneinander auf das Blech legen und im Ofen auf der mittleren Schiene 20 bis 25 Minuten bissfest garen. Herausnehmen und etwas abkühlen lassen.

Zum Panieren das Mehl und den Panko jeweils in tiefe Teller geben. Das Ei in einem tiefen Teller verquirlen. Jede Sellerieschebe mit Mehl bestäuben, dann durch das verquirlte Ei ziehen und zuletzt im Panko panieren. Reichlich Öl in einer Pfanne erhitzen und die Sellerieschnitzel darin portionsweise goldbraun ausbacken. Herausnehmen, auf Küchenpapier abtropfen lassen und salzen.

Währenddessen die Drillinge halbieren und leicht quetschen. Etwas Olivenöl in einer Pfanne erhitzen und die Kartoffeln darin schwenken.

Zum Servieren Quetschkartoffeln und Sellerieschnitzel auf Teller verteilen und mit den Preiselbeeren garnieren. Dazu passt ein Wildkräutersalat mit etwas Zitronensaft und Salz mariniert.

Einfach gesund essen:

Preiselbeeren sind reich Vitamin C, das sehr wichtig für den Bau von Geweben und Knochen ist, sowie Vitaminen der B-Gruppe. Außerdem enthalten sie Kalium, Kalzium und Magnesium sowie Fruchtsäuren. Die Anthocyane in den roten Beeren wirken entzündungshemmend.

Gebackene Bohnen im Bierteig mit Radieschen und Pesto

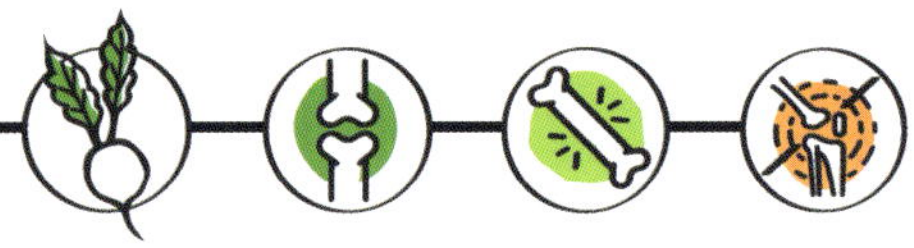

Für 2 Personen | Zubereitung: 40 Minuten
Nährwerte pro Portion: ca. 840 kcal, 9 g EW, 55 g F, 49 g KH

Zutaten:

Für die Radieschen:
1 Bund Radieschen
1 Spritzer Öl
100 ml schwarzer Johannisbeerlikör (z. B. Crème de Cassis)
50 ml Rote-Bete-Saft
10 g Soja Cuisine | Salz
1 Spritzer Zitronensaft

Für das Pesto:
Grün von 1 Bund Radieschen (siehe oben)
1 EL Pinienkerne
50 ml Olivenöl
abgeriebene Schale und Saft von ½ Bio-Zitrone
1 EL zarte Haferflocken
Salz

Für die Bohnen:
10 breite grüne Bohnen (Stangenbohnen)
60 g Roggenmehl (Vollkorn oder Type 1150)
100 ml Bier | Salz
Öl zum Frittieren
2 Handvoll Rucola
1 EL Zitronensaft

Zubereitung:

Für die Radieschen das Grün abtrennen und für das Pesto beiseitestellen. Die Radieschen putzen, waschen und vierteln. In einer Pfanne im Öl anschwitzen, Crème de Cassis dazugeben und einkochen lassen. Dann alles mit Rote-Bete-Saft ablöschen und mit Soja Cuisine, Salz und Zitronensaft abschmecken. (Wer will, gart die Radieschen so lange, bis sie zerfallen und eine Creme entsteht.)

Für das Pesto die beiseitegestellten Radieschenblätter verlesen, waschen und trocken tupfen. Mit den übrigen Zutaten im Mixer pürieren.

Die Bohnen putzen und waschen, dabei die harten Fäden entfernen. In einer Rührschüssel das Mehl mit dem Bier und etwas Salz mit einem Schneebesen verquirlen (etwa so dickflüssig wie Joghurt). Reichlich Öl in einem großen Topf oder einer Fritteuse auf 180 °C erhitzen. Die Bohnen in den Bierteig tauchen, abtropfen lassen und im Fett rundum goldbraun frittieren. Herausnehmen und auf Küchenpapier abtropfen lassen.

Zum Servieren den Rucola verlesen, waschen und trocken schütteln, mit Zitronensaft und 1 Prise Salz marinieren. Rucolasalat und Bohnen auf Teller verteilen, die Radieschen und das Pesto danebensetzen.

Einfach gesund essen:

Kreuzblütler, zu denen neben z. B. Rettich und Brokkoli auch Radieschen gehören, sind bekannt für ihre positiven Effekte auf die Gesundheit. Sie sollen Entzündungsmarker senken und den Anteil an zellschützenden Antioxidantien im Körper erhöhen.

Shiitake-Rahmgeschnetzeltes mit Wirsing und Hirse

Für 4 Personen | Zubereitung: 25 Minuten
Nährwerte pro Portion: ca. 435 kcal, 14 g EW, 15 g F, 55 g KH

Zutaten:

200 g Hirse
(ersatzweise regionale Quinoa, Naturreis, Amarant oder Buchweizen)
Salz
1 rote Zwiebel
400 g Shiitake-Pilze
Öl
1 Schuss Portwein
(ersatzweise 100 ml Madeira oder Rotwein)
100 g Soja Cuisine
Pfeffer
½ TL getr. Thymian
3 EL gehackte Petersilie
1 kleiner Wirsing
(auch gern Wirsingreste)
4 EL geröstete Mandelblättchen

Zubereitung:

Die Hirse in einem Topf in kochendem Salzwasser nach Packungsanweisung bissfest garen.

Inzwischen die Zwiebel schälen und fein hacken. Die Pilze putzen, falls nötig, trocken abreiben und in feine Scheiben schneiden. Die Hälfte der Zwiebel mit den Pilzen in einer Pfanne im Öl kräftig anbraten. Portwein dazugeben und einkochen lassen. Die Soja Cuisine dazugießen, alles mit Salz, Pfeffer und Thymian würzen und 2 EL Petersilie untermischen.

Währenddessen den Wirsing putzen, waschen, vierteln und den harten Strunk entfernen. Den Wirsing in feine Streifen schneiden und mit der übrigen Zwiebel in einer Pfanne in wenig Öl anschwitzen, salzen.

Zum Servieren die gegarte Hirse mit der übrigen gehackten Petersilie mischen und mit Salz und Pfeffer würzen, auf Teller verteilen. Den Wirsing unter das Rahmgeschnetzelte ziehen und auf die Hirse setzen. Zuletzt alles mit den Mandelblättchen garnieren.

Tipp:
Da man meist nur große Wirsingköpfe kaufen kann, finden Sie im Buch gleich mehrere Rezepte mit dem krausen Kohl. Wenn bei einem Rezept etwas übrig bleibt, können Sie den Rest in einem anderen Gericht aufbrauchen. Im Register ab Seite 179 sind alle Wirsingrezepte aufgelistet.

Lachs mit Hirse auf Zucchini-Tomaten-Gemüse

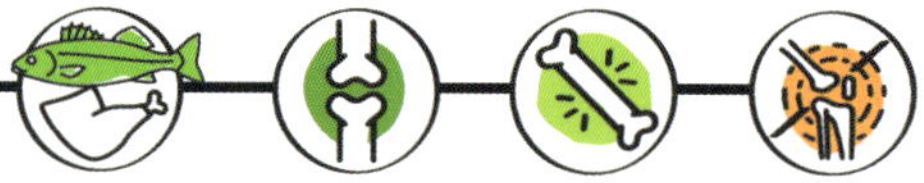

Für 2 Personen | Zubereitung: 20 Minuten
Nährwerte pro Portion: ca. 815 kcal, 35 g EW, 48 g F, 58 g KH

Zutaten:

2 EL Mandelblättchen
140 g Hirse | Salz
1 Schalotte
7 bunte Cocktailtomaten
½ Zucchini
200 g Lachsfilet
1 EL Olivenöl
200 g Soja Cuisine
Pfeffer
60 g pflanzliche Frischkäsealternative auf Sojabasis
1 EL gehackte Dillspitzen

Zubereitung:

1

Mandeln in einer Pfanne ohne Fett hell rösten. Herausnehmen und abkühlen lassen. Die Hirse in kochendem Salzwasser nach Packungsanweisung bissfest garen.

2

Die Schalotte schälen und halbieren. Die Tomaten waschen und halbieren. Die Zucchini putzen, waschen und in Streifen schneiden. Lachs waschen und trocken tupfen.

3

Schalotte und Tomaten in einer Pfanne im Öl anschwitzen. Soja Cuisine dazugießen, Lachs daraufsetzen und etwa 3 Minuten köcheln lassen, salzen und pfeffern.

4

Zucchini und Frischkäse unterziehen. Zum Servieren Hirse, Gemüse und Lachs auf Teller verteilen, mit den Mandelblättchen bestreuen und mit dem Dill garnieren.

Einfach gesund essen:

Pazifischer Lachs mit MSC-Siegel ist empfehlenswert, wenn man auf Fisch aus Wildfang Wert legt. Zuchtlachs aus Aquakulturen ist zwar wegen kritischer Futtermittelzusatzstoffe in Verruf geraten, trotzdem hat er gegenüber Wildlachs einen Vorteil: Er enthält mehr Omega-3-Fettsäuren. Hier lieber zur Bio-Variante greifen.

Falafel-Döner mit Joghurtdip

Für 2 Personen | Zubereitung: 25 Minuten
Nährwerte pro Portion: ca. 780 kcal, 24 g EW, 47 g F, 57 g KH

Zutaten:

Für die Falafeln:
200 g Kichererbsen (aus dem Glas)
50 g rote Zwiebel
50 g Petersilie
25 g Minze
½ Peperonischote
1 Zehe konfierter Knoblauch (siehe Tipp Seite 106)
½ TL gemahlener Kreuzkümmel
¼ TL gemahlener Kardamom
Salz, Pfeffer
40 g Kichererbsenmehl
50 g geschälte Hanfsamen zum Wälzen
Öl zum Ausbacken
2 Vollkorn-Weizentortillas

Für den Dip:
3 EL pflanzliche Joghurtalternative auf Kokosbasis
1 gehackte Zehe konfierter Knoblauch
1 EL Olivenöl
Salz

Zubereitung:

Für die Falafeln die Kichererbsen in einem Sieb abbrausen und abtropfen lassen. Zwiebel schälen und fein hacken. Petersilie und Minze waschen, trocken tupfen, die Blätter abzupfen und grob hacken. Peperoni längs halbieren, entkernen, waschen und grob hacken.

Kichererbsen, Zwiebel, Petersilie, Minze und Peperoni in den Blitzhacker geben. Knoblauch, Kreuzkümmel, Kardamom, Salz, Pfeffer und Kichererbsenmehl hinzufügen und alles zu einer groben, etwas klebrigen Masse verarbeiten.

Aus der Masse etwa tischtennisballgroße Kugeln formen und rundum in den Hanfsamen wälzen. Das Öl in einer Pfanne erhitzen und die Falafeln darin rundum ausbacken. Herausnehmen und auf Küchenpapier abtropfen lassen.

Für den Dip den Joghurt mit Knoblauch und Öl gründlich verrühren und alles mit Salz würzen.

Zum Servieren jeweils 1 Vollkorn-Tortilla in einer Pfanne nach Packungsanweisung erwärmen. Herausnehmen und mit etwas Joghurtdip bestreichen. Einige Falafeln daraufgeben und nach Belieben mit gehackter Petersilie, roten Zwiebelringen, halbierten Cocktailtomaten und Kichererbsen (aus dem Glas) bestreuen. Den Wrap locker aufwickeln.

Tipp:

Nach Belieben können Sie die Wraps statt mit Joghurtdip mit Chilipaste bestreichen oder noch etwas Chilipaste dazu reichen.

Hähnchenkeulen mit marokkanischem Gemüse

Für 2 Personen | Zubereitung: 15 Minuten | Marinieren: 3 Stunden (über Nacht) | Garen: 1 Stunde
Nährwerte pro Portion: ca. 620 kcal, 51 g EW, 18 g F, 52 g KH

ÜBUNGSZEIT

Zutaten:

Für das Hähnchen:

2 Bio-Hähnchenkeulen (ohne Haut)
500 g pflanzliche Joghurtalternative auf Kokosbasis
2 EL Ras el Hanout (arab. Gewürzmischung)
abgeriebene Schale und Saft von 1 Bio-Zitrone
1 TL gemahlene Bio-Kurkuma (mit Schale)
1 TL geräuchertes Paprikapulver
½ TL Salz

Für das Gemüse:

2 Pastinaken
1 kleiner Hokkaidokürbis
2 bunte Möhren
1 große Rote Bete
2 Tomaten
1 Fenchelknolle
4 EL Ras el Hanout
1 EL Salz
Pfeffer
1 EL getr. Rosmarin
3 EL getr. Thymian
1 Bund gehackte Petersilie

Zubereitung:

Für das Hähnchen die Keulen waschen und trocken tupfen. Den Kokosjoghurt mit Ras el Hanout, Zitronenschale und -saft, Kurkuma, Paprikapulver und Salz verrühren. Die Keulen mit dem Würzjoghurt mischen und abgedeckt im Kühlschrank mindestens 3 Stunden, am besten über Nacht, marinieren.

Für das Gemüse den Backofen auf 160 °C vorheizen. Die Pastinaken putzen, schälen und grob würfeln. Den Kürbis waschen, halbieren und die Kerne mit einem Löffel entfernen, das Kürbisfleisch in Spalten schneiden. Möhren und Rote Bete putzen, schälen und in etwa 1 cm breite Stücke schneiden (Achtung, die Rote-Bete-Knolle färbt stark ab!). Die Tomaten waschen und grob würfeln, dabei die Stielansätze entfernen. Den Fenchel putzen, waschen und grob würfeln.

Das Gemüse mit den Gewürzen, Rosmarin und Thymian mischen und auf einem Backblech verteilen. Die marinierten Hähnchenkeulen dazulegen und alles im Ofen auf der mittleren Schiene etwa 1 Stunde garen. Herausnehmen und mit gehackter Petersilie servieren.

Einfach gesund essen:

Carotinoide sind sekundäre Pflanzenstoffe, die der menschliche Körper in Vitamin A umwandelt. Sie wirken zellschützend und reduzieren den Entzündungsmarker Interleukin-6. Gelborangefarbenes Gemüse ist reich an Alpha- und Beta-Carotin. Möhren weisen besonders viel Beta-Carotin auf. Eine mittelgroße Möhre enthält etwa 15 mg Beta-Carotin, was den Tagesbedarf an Vitamin A deckt.

Ofengemüse mit Puten-Satay-Spießen

Für 2 Personen | Zubereitung: 15 Minuten | Marinieren: 3 Stunden | Garen: 30 Minuten | Grillen: 20 Minuten
Nährwerte pro Portion: ca. 700 kcal, 46 g EW, 27 g F, 63 g KH

Zutaten:

Für die Putenspieße:
100 g Ananas (gerne der Strunk)
2 ½ Peperonischoten
40 g Cashewkerne
1 Zehe konfierter Knoblauch (siehe Tipp Seite 106)
2 EL Tamari
20 ml kalt gepresstes geröstetes Sesamöl
35 ml Dattelsirup
1 Msp. gemahlener Koriander
300 g Bio-Putenbrustfilet
4 Holzspieße

Für das Ofengemüse:
4 bunte Möhren
2–3 Kartoffeln

ÜBUNGSZEIT

Zubereitung:

Für die Spieße eine Satay-Sauce zum Marinieren des Putenfleischs herstellen: Die Ananas ggf. schälen, dann grob hacken. Die Peperoni längs halbieren, putzen und waschen. Beides mit Cashewkernen, Knoblauch, Tamari, Öl, Sirup und Koriander im Mixer cremig pürieren. Das Fleisch waschen, trocken tupfen und in Streifen schneiden. In der Satay-Sauce wenden und zugedeckt mindesten 2 bis 3 Stunden marinieren.

Inzwischen für das Ofengemüse den Backofen auf 200 °C vorheizen. Ein Backblech mit Backpapier belegen. Möhren und Kartoffeln putzen, schälen und grob würfeln. Dann auf dem Blech verteilen und im Ofen auf der mittleren Schiene etwa 30 Minuten garen. Herausnehmen und beiseitestellen.

Die Backofentemperatur auf 180 °C reduzieren, den Backofengrill einschalten. Das Fleisch aus der Marinade nehmen und wellenförmig auf Holzspieße stecken. Die Spieße nebeneinander auf das Blech legen und im Ofen auf der mittleren Schiene etwa 20 Minuten grillen.

Zum Servieren das Gemüse auf Teller verteilen, die Putenspieße danebensetzen und nach Belieben mit Dukkah (siehe Seite 112) bestreuen.

Einfach gesund essen:

In der pflanzenbasierten Küche sind sie ein Star, weil sie so vielseitig sind und sich daraus sogar Käseersatz herstellen lässt: Cashewkerne enthalten 20 % Eiweiß, der Fettgehalt ist mit etwa 42 % eher niedrig, zumindest verglichen mit anderen Nüssen. Außerdem enthält die Cashewnuss Vitamine der B-Gruppe sowie Mineralstoffe wie Magnesium, Kalium oder Phosphor und das Spurenelement Eisen.

Schokonaschwerk mit Nüssen und Samen

Für 1 Parfait- oder Pastetenform (ca. 27 cm Länge; 9 Scheiben) |
Zubereitung: 10 Minuten | Kühlen: 4 Stunden (über Nacht)
Nährwerte pro Scheibe: ca. 225 kcal, 4 g EW, 17 g F, 13 g KH

Zutaten:

100 g vegane Schokolade (ersatzweise Zartbitterschokolade)
50 g natives Kokosöl
50 g geröstete zarte Haferflocken
12 g gepuffte Hirse
je 12 g Para-, Cashew-, Walnüsse und Mandeln
25 g geröstete helle Sesamsamen
30 g Kokosraspel
12 g Kakao-Nibs
25 g Dörrpflaumen (entsteint)
25 g getr. Soft-Aprikosen

ÜBUNGSZEIT

Zubereitung:

Die Form mit Backpapier auslegen. Die Schokolade grob hacken und mit dem Kokosöl in einer Metallschüssel über dem heißen Wasserbad unter Rühren schmelzen. Inzwischen die trockenen Zutaten in einer Rührschüssel mischen, dabei Nüsse und Trockenobst grob hacken.

Sofort die flüssige Schokoladen-Kokosöl-Mischung unter die trockenen Zutaten heben und alles locker mischen. Die Masse in der Form verteilen und leicht andrücken. Dann abgedeckt im Kühlschrank mindestens 4 Stunden, am besten über Nacht, fest werden lassen.

Zum Servieren das Naschwerk aus der Form stürzen und in dünne Scheiben schneiden. Der Vorrat lässt sich im Kühlschrank aufbewahren.

Einfach gesund essen:

Kakao-Nibs sind nichts anderes als getrocknete Kakaobohnen, die in kleine Stücke zerbrochen wurden. Im Unterschied zu Schokolade enthalten sie weder Zucker noch Milch. Roher Kakao ist eine der besten pflanzlichen Magnesium- und Kalziumquellen. 100 g rohe Kakao-Nibs liefern 460 mg Magnesium und 160 mg Kalzium. Magnesium ist wichtig für die Herztätigkeit und lindert Schwellungen und Schmerzen in den Gelenken, Kalzium nährt unsere Knochen.

Schoko-Ganache mit Rosenblättern

Für 20 Stück | Zubereitung: 15 Minuten | Kühlen: 12 Stunden (über Nacht)
Nährwerte pro Stück: ca. 75 kcal, 1 g EW, 5 g F, 6 g KH

Zutaten:

150 g Mandel Cuisine
50 g Dörrpflaumen (entsteint)
2 g getr. Rosenblütenblätter
200 g Schokochips (ersatzweise Zartbitterschokolade)
30 g vegane Margarine
Salz
3 EL Raw Kakao (rohes Kakaopulver)

ÜBUNGSZEIT

Zubereitung:

Am Vortag eine quadratische Form (ca. 20 × 20 cm) mit Backpapier auslegen. In einem kleinen Topf die Mandel Cuisine mit den Dörrpflaumen erwärmen. Die Dörrpflaumen mit einer Gabel zerstoßen und Rosenblüten, Schokochips und Margarine unterheben, alles mit 1 Prise Salz abschmecken.

Die Masse in die Form füllen und abgedeckt im Kühlschrank etwa 12 Stunden, am besten über Nacht, fest werden lassen.

Am nächsten Tag die feste Masse in Würfel schneiden und diese in Raw Kakao wälzen. Die Ganache-Würfel halten sich kühl und gut verschlossen gelagert etwa 14 Tage.

Einfach gesund essen:

Der Mineralstoff Kalzium sowie die Vitamine K und D machen unsere Knochen stark. Alle diese Stoffe stecken in einer Frucht: der Pflaume. In aktuellen Untersuchungen gelang US-amerikanischen Forschern der Nachweis, dass der regelmäßige Verzehr von Dörrpflaumen unsere Knochen nachhaltig stabilisieren kann (siehe Seite 31).

Raw Mousse au Chocolat

Für 4 Personen | Zubereitung: 10 Minuten | Einweichen: 3 Stunden
Nährwerte pro Portion: ca. 310 kcal, 7 g EW, 23 g F, 13 g KH

Zutaten:

100 g Cashewkerne
1 Avocado
20 g natives Kokosöl
20 g Raw Kakao
(rohes Kakaopulver)
60 g Dörrpflaumen (entsteint)
2 ½ EL ungesüßter Haferdrink
1 Prise Salz

Zubereitung:

Die Cashewkerne mit Wasser bedeckt etwa 3 Stunden einweichen. Anschließend in ein Sieb abgießen und abtropfen lassen. Die Avocado halbieren, den Kern entfernen und das Fruchtfleisch aus den Schalen lösen. Cashewkerne, Avocado und übrige Zutaten im Mixer cremig pürieren. Zum Servieren die Mousse auf Dessertschalen verteilen und nach Belieben mit Schoko-Granola (siehe Seite 134) oder zerkleinertem Schokonaschwerk (siehe Seite 128) bestreuen.

ÜBUNGSZEIT

Raw Cheesecake Creme

Für 8 Personen | Zubereitung: 10 Minuten | Einweichen: 3 Stunden
Nährwerte pro Portion: ca. 270 kcal, 7 g EW, 6 g F, 24 g KH

Zutaten:

225 g blanchierte Mandeln (ersatzweise Cashewkerne)
80 g natives Kokosöl
50 ml Brottrunk (aus Bioladen oder Drogeriemarkt)
3 EL Zitronensaft
40 ml Dattelsirup
¼ TL gemahlene Vanille
1 Prise Salz

ÜBUNGSZEIT

Zubereitung:

Die Mandeln mit Wasser bedeckt etwa 3 Stunden einweichen. Anschließend in ein Sieb abgießen und abtropfen lassen. Die Mandeln mit den übrigen Zutaten im Mixer cremig pürieren. Zum Servieren die Creme mithilfe eines Servierrings auf Teller verteilen. Nach Belieben mit frischen oder tiefgekühlten Beeren und Mandelblättchen garnieren.

Einfach gesund essen:

Mandelkerne enthalten oft mehr als 50 % Fett und bringen deshalb ziemlich viel Energie auf den Teller. Trotzdem sollten Sie hier nicht so streng sein. Denn genau wie Olivenöl besteht dieses Fett vor allem aus einfach ungesättigten, also entzündungshemmenden Fettsäuren. Insofern hat Fett hier einfach Vorfahrt.

Schoko-Granola mit Dattelsirup

Für 8 Portionen (à ca. 50 g) | Zubereitung: 10 Minuten | Einweichen: 5 Stunden | Backen: 3 Stunden
Nährwerte pro Portion: ca. 300 kcal, 11 g EW, 25 g F, 5 g KH

Zutaten:

200 g Mandeln
100 g Kürbiskerne
1 TL Chiasamen
8 g Raw Kakao (rohes Kakaopulver)
30 ml Dattelsirup
1 TL gemahlene Vanille
30 g Kakao-Nibs
1 Prise Salz
35 g zerlassenes natives Kokosöl

ÜBUNGSZEIT

Zubereitung:

Mandeln und Kürbiskerne mit Wasser bedeckt mindestens 5 Stunden einweichen. Anschließend in ein Sieb abgießen und abtropfen lassen.

Den Backofen rechtzeitig auf 120 °C vorheizen. Ein Backblech mit Backpapier belegen. Mandeln und Kürbiskerne grob hacken. Alle Zutaten in eine Schüssel geben, mit zerlassenem Kokosöl übergießen und gründlich mischen.

Den Schoko-Granola-Mix auf dem Blech gleichmäßig verteilen und im Ofen auf der mittleren Schiene 2 ½ bis 3 Stunden backen. Herausnehmen und abkühlen lassen. In einem Glas luftdicht verschlossen hält sich das Granola etwa 14 Tage.

Tipp:

Zum Servieren pro Person etwa 100 g pflanzliche Joghurtalternative (auf Kokosbasis) in eine Schale füllen, 50 g Granola darüberstreuen und mit Beeren (Brom-, Him- oder Schwarzen Johannisbeeren) garnieren.

Einfach gesund essen:

Samen und Nüsse mit hohen Anteilen an Vitamin E und Zink sowie antientzündlich wirkenden Omega-3-Fettsäuren helfen bei Reparaturprozessen im Körper und lassen Entzündungsprozesse abklingen. Kürbiskerne sind dabei mit etwa 6 g pro 100 g Spitzenreiter unter den kerngesunden Saaten.

Wassermelone mit Flohsamen-Salty-Sesam

Für 2 Personen | Zubereitung: 10 Minuten
Nährwerte pro Portion: ca. 150 kcal, 3 g EW, 5 g F, 17 g KH

Zutaten:

2 EL Flohsamenschalen
2 EL geröstete helle Sesamsamen
½ TL Salz
1 Baby-Wassermelone

Zubereitung:

In einem tiefen Teller Flohsamenschalen, Sesam und Salz mischen. Die Wassermelone halbieren und das Fruchtfleisch in Scheiben oder mundgerechte Stücke schneiden. Zum Servieren die Melonenstücke mit dem Flohsamen-Salty-Sesam anrichten.

Einfach gesund essen:

Flohsamenschalen enthalten besonders viele Ballaststoffe – das liebt unser Darm: 100 g enthalten im Durchschnitt 70 g. Die unverdaulichen Faserstoffe lassen den Blutzucker nur langsam ansteigen, weshalb man nicht so schnell wieder Hunger bekommt. Wichtig: ausreichend dazu trinken und nicht mehr als 10 bis 30 g pro Tag verzehren.

Apfelmark mit Getreide-Pops und Raw Kakao

Für 4 Personen | Zubereitung: 5 Minuten
Nährwerte pro Portion: ca. 85 kcal, 2 g EW, 1 g F, 17 g KH

Zubereitung:

Das gepuffte Getreide und den gepufften Reis mit dem Kakaopulver in einer Schüssel gründlich mischen. Zum Servieren das Apfelmark auf Schalen verteilen und mit Kakao-Getreide-Mix und Kornblumenblüten garnieren. Der Mix passt auch gut zu Frühstücksjoghurt.

Varianten:
1 Scheibe geröstetes Roggenbrot mit 2 EL Magerquark bestreichen und je 1 EL Getreide-Pops und Apfelmark daraufgeben. Oder: 1 Vollkorn-Weizentortilla in der Pfanne leicht erwärmen, mit 100 g Apfelmark bestreichen, 1 EL Getreide-Pops darübersteuen und die Tortilla zu einem Wrap aufrollen.

Zutaten:

1 EL Quinoa-Pops
1 EL Amarant-Pops
1 EL Buchweizen-Pops
1 TL gepuffter Wildreis
1 TL Raw Kakao
(rohes Kakaopulver)
400 g Apfelmark
1 TL getr. Kornblumenblüten

Buttermilch halbgefroren

Für 8 Personen | Zubereitung: 15 Minuten | Tiefkühlen: 6 Stunden
Nährwerte pro Portion: ca. 45 kcal, 3 g EW, 1 g F, 5 g KH

ÜBUNGSZEIT

Zutaten:

50 g tiefgekühlte Himbeeren
Saft und abgeriebene Schale von 1 Bio-Limette
½ Banane
½ l Buttermilch
1 EL Frischkäse (Doppelrahmstufe)
gemahlene Vanille
Zimtpulver
1 TL Kokosblütenzucker
8 Silikonförmchen (à ca. 80 ml Inhalt)

Zubereitung:

1

Die Himbeeren auf einem Teller rechtzeitig antauen lassen. Dann mit einer Gabel grob zerdrücken und mit 1 Spritzer Limettensaft beträufeln.

2

Die Banane schälen und grob zerteilen. Mit Buttermilch, Frischkäse, je 1 Prise Vanille und Zimt sowie Zucker, Limettensaft und -schale im Mixer möglichst fein pürieren.

3

Die Buttermilchmasse auf die Silikonförmchen verteilen und jeweils 1 TL Himbeerstampf daraufsetzen. Das Eis im Tiefkühlfach 4 bis 6 Stunden tiefgefrieren.

4

Zum Servieren das Eis rechtzeitig herausnehmen und halbgefroren auf Dessertteller setzen. Nach Belieben mit Bio-Limettenschale und übrigen Himbeeren garnieren.

Einfach gesund essen:

Im Vergleich zu handelsüblicher Kuhmilch ist Buttermilch mit einem Anteil von etwa 1% Fett von Haus aus besonders fettarm und damit ein guter Abnehmhelfer. Außerdem bietet Buttermilch eine hervorragende Quelle für Kalzium (110 mg pro 100 ml), Phosphor und Zink sowie die Vitamine B2 und B12. Für den Darm gesund sind die Probiotika – nämlich die Milchsäurebakterien.

Zimtwaffeln mit Hafercreme-Espuma

Für 4 Personen | Zubereitung: 20 Minuten
Nährwerte pro Portion: ca. 395 kcal, 6 g EW, 14 g F, 54 g KH

Zutaten:

Für die Waffeln:
200 g Dinkelflocken
Salz
Zimtpulver
1 TL Backpulver
300 ml ungesüßter Haferdrink
250 g Apfelmark
Öl für das Waffeleisen

Für die Espuma:
½ l Hafer Cuisine
1 TL Johannisbrotkernmehl
1 TL Dattelsirup
½ TL Zimtpulver
½ TL gemahlene Vanille

Zubereitung:

Für die Waffeln die Flocken im Mixer zu Mehl verarbeiten und mit je 1 Prise Salz und Zimt sowie dem Backpulver in einer Rührschüssel mischen. Haferdrink und Apfelmark zu den trockenen Zutaten geben und alles mit einem Schneebesen gut verrühren. Den Teig wenige Minuten quellen lassen.

Inzwischen das Waffeleisen vorheizen. Jeweils mit wenig Öl einfetten und eine Portion Teig auf dem unteren Eisen verteilen. Das Waffeleisen schließen und die Waffel etwa 4 Minuten bei mittlerer Hitze backen. Herausnehmen und auf einem Teller warm halten.

Zum Servieren für die Espuma alle Zutaten in einem hohen Rührbecher mit dem Stabmixer aufschäumen. Die Waffeln auf Teller verteilen und mit Espuma beträufeln, nach Belieben mit Hagebuttenmark (aus dem Bioladen) garnieren.

Einfach gesund essen:

Bei Arthrose sollte man sich jeden Tag eine Portion frisches Obst gönnen. Ideal ist es, wenn Sie dabei gleich Ihre Ballaststoffzufuhr erhöhen – 30 g pro Tag sollen es laut der DGE sein. Mit zwei großen, nicht zu süßen Äpfeln sind Sie schon mit 12 g dabei. Das Apfelmark in diesem Rezept ist eine gute Alternative: Es enthält nur den fruchteigenen Zucker und wird nicht zusätzlich gesüßt. Im Schnitt kommt das Mark so auf ein Drittel weniger Zucker als beispielsweise ein Mus.

Veganer Bienenstich

Für 1 Springform (ca. 28 cm Durchmesser; 12 Stücke) |
Zubereitung: 45 Minuten | Gehen: 1 Stunde | Backen: 30 Minuten
Nährwerte pro Stück: ca. 315 kcal, 6 g EW, 14 g F, 40 g KH

Zutaten

Für den Hefeteig:

150 ml ungesüßter Haferdrink
60 g vegane Margarine
100 Roggenvollkornmehl
225 g Weizenmehl (Type 405)
50 g Kokosblütenzucker
½ Würfel Hefe (21 g)
Mehl zum Arbeiten

Für die Füllung:

400 ml ungesüßter Haferdrink
1 Päck. veganes Vanillepuddingpulver
50 g Kokosblütenzucker

Für den Crunch:

50 g vegane Sahne (z. B. Soja oder Hafer Cuisine)
60 g vegane Margarine
50 g Kokosblütenzucker
1 EL Dattelsirup
1 Prise Salz
100 Mandelblättchen

ÜBUNGSZEIT

Zubereitung:

Für den Hefeteig Haferdrink und Margarine erwärmen. Beide Mehlsorten und den Zucker in einer Rührschüssel mischen, die Hefe darüberbröseln. Haferdrink-Margarine-Mischung dazugießen und alles mit den Knethaken des Handrührgeräts etwa 5 Minuten verkneten. Den Hefeteig abgedeckt an einem warmen Ort etwa 45 Minuten gehen lassen.

Inzwischen für die Füllung den Pudding nach Packungsanweisung zubereiten, dabei nur 400 ml anstelle ½ l Haferdrink verwenden. Den Pudding vollständig abkühlen lassen, dabei mit Frischhaltefolie abdecken, damit sich keine Haut bildet.

Den Backofen auf 180 °C vorheizen. Die Form mit Backpapier auslegen. Den Teig nochmals kurz durchkneten und auf der leicht bemehlten Arbeitsfläche zu einem Kreis ausrollen. In die Form setzen und weitere 15 Minuten gehen lassen.

Für den Crunch Sahne, Margarine, Kokosblütenzucker, Dattelsirup und Salz in einem kleinen Topf unter Rühren aufkochen und bei schwacher Hitze kurz köcheln lassen. Die Mandeln unterrühren und die Masse auf dem Hefeteig gleichmäßig verstreichen. Dann den Kuchen im Ofen auf der mittleren Schiene etwa 30 Minuten backen.

Den Kuchen herausnehmen, aus der Form lösen und auf einem Kuchengitter abkühlen lassen. Anschließend mit einem großen Messer waagerecht halbieren und mit dem Pudding füllen (dazu den Kuchendeckel am besten schon vor dem Füllen in 12 Stücke schneiden). Den Bienenstich nochmals kurz kühl stellen, zum Servieren in Stücke schneiden.

Haferflocken-Cookies mit Hagebutte

Für 10–12 Stück | Zubereitung: 20 Minuten | Backen: 10 Minuten
Nährwerte pro Stück (bei 10 Stück): ca. 135 kcal, 1 g EW, 8 g F, 15 g KH

Zutaten:

40 g Kokosraspel
35 g kernige Haferflocken
60 g Mehl
¼ TL Backpulver
5 g Hagebuttenpulver
(aus dem Reformhaus)
75 g brauner Zucker
60 g vegane Margarine
1½ EL Hagebuttenmark
(aus dem Bioladen)

Zubereitung:

Den Backofen auf 160 °C vorheizen. Ein Backblech mit Backpapier belegen.

Kokosraspel, Haferflocken, Mehl, Back- und Hagebuttenpulver sowie Zucker in einer Rührschüssel mischen. Die Margarine mit dem Hagebuttenmark in einem Topf vorsichtig zerlassen und über die trockenen Zutaten geben. Alles zügig zu einem Teig verkneten.

Aus dem Teig 10 bis 12 Portionen abnehmen und jede Teigportion mit den Händen zu einer Kugel formen. Die Kugeln nebeneinander mit etwas Abstand auf das Blech setzen und mit einer Gabel flach drücken.

Die Cookies im Ofen auf der mittleren Schiene etwa 10 Minuten goldbraun backen. Herausnehmen und auf einem Kuchengitter vollständig abkühlen lassen.

Einfach gesund essen:

Hagebutten, die gesunden Winterfrüchte, sind nicht nur als Pulver aus Schalen und Samen hilfreich bei Arthrose. Für das Mark oder Mus werden die frischen Früchten gekocht, zweimal passiert und mit frischem Zitronensaft versetzt. Dieses Mark bietet noch jede Menge zusätzliche Inhaltsstoffe. Dazu gehören: Fruchtsäuren, Pektine, Kieselsäure für gesunde Knorpel, die Antioxidantien Lycopin und Flavonoide sowie Kalzium, Magnesium und Zink, um nur die wichtigsten zu nennen.

Kokosmilch-Dalgona mit Vanille

Für 4 Gläser (à ca. ¼ l Inhalt) | Zubereitung: 10 Minuten
Nährwerte pro Glas: ca. 255 kcal, 2 g EW, 22 g F, 12 g KH

Zutaten:

80 ml kochendes Wasser
8 TL Espressopulver (Instant)
8 TL Kokosblütenzucker
Salz
gemahlene Vanille
500 g Crushed Ice
400 ml Kokosmilch

Zubereitung:

Das kochende Wasser, das Espressopulver und den Kokosblütenzucker im Mixer so lange schaumig mixen, bis sich eine cremige Masse gebildet hat. Dann mit je 1 Prise Salz und Vanille abschmecken.

Das Crushed Ice auf die Gläser verteilen und jeweils 100 ml Kokosmilch darübergießen. Anschließend den Kaffeeschaum vorsichtig daraufsetzen. Am besten sofort genießen.

Einfach gesund essen:

Kaffee wirkt nicht nur anregend auf den Kreislauf und stärkt die Aufnahmebereitschaft im Gehirn. Die Röststoffe im Kaffee haben auch einen antioxidativen Effekt und schützen somit die Zellen. Außerdem wirkt Koffein nicht nur belebend, sondern auch antientzündlich. Espresso enthält übrigens weniger Säure als Filterkaffee, da die Säure beim langen Rösten verloren geht, weshalb Espresso verträglicher für den Magen ist.

Effektives Training für starke Gelenke

Keine Sorge, Sie müssen nicht gleich ein Sport-Ass werden, wenn es darum geht, mit gezielten Übungen gegen Gelenkbeschwerden und andere Schmerzen anzugehen. Ein paar Minuten am Tag können schon viel bewirken. Hier erfahren Sie von Dr. Helge Riepenhof, welches Training gegen Schmerzen in Hüfte, Knie, Schulter und Händen hilft. Außerdem gibt's die wichtigsten Informationen über verschiedene Therapien gegen Arthrose sowie nützliche Motivationstricks und Anregungen für mehr Bewegung im Alltag.

Mit Bewegung gegen Schmerzen

Arthrose ist zwar nicht heilbar, sie lässt sich aber mit ganzheitlichen Konzepten gut in den Griff bekommen beziehungsweise aufhalten. Neben der Ernährung steht Bewegung dabei im Mittelpunkt – andere Maßnahmen können unterstützend wirken.

Zuerst einmal die gute Nachricht: Fast alle Arthrosen lassen sich mit der richtigen Bewegungstherapie, mit antientzündlicher Ernährung und eventuell bei gelegentlichem Bedarf mit Medikamenten und Physiotherapie sehr lange sehr gut beeinflussen und in den Griff bekommen. Sechs Ziele stehen dabei im Vordergrund: Schmerzen sollen verringert, Entzündungsprozesse in den Gelenken reduziert, die Beweglichkeit verbessert, die Muskulatur gestärkt, die Gelenke stabilisiert und das Fortschreiten der Arthrose gestoppt werden. All das lässt sich mit gezieltem Bewegungstraining erreichen.

Zu viele Angebote überfordern

Das Wissen allein führt allerdings nicht dazu, dass die Betroffenen auch wirklich körperlich aktiv werden und etwas tun. Schließlich funktioniert der Alltag der meisten Menschen auch fast ohne Bewegung. Ob Einkaufen, Besorgungen machen oder Kontakte pflegen – wir können heute auf dem Sofa lauter Dinge erledigen, für die früher zumindest ein paar Schritte nötig waren. Der Grundumsatz wird immer niedriger – die Notwendigkeit, etwas dagegen zu tun, immer größer. Die Möglichkeiten, mehr Bewegung ins Leben zu bringen, sind kaum überschaubar. Da stellt sich schnell die Frage: Womit soll ich bloß anfangen? Zu viele Angebote überfordern häufig, sodass man vor lauter Optionen die Orientierung verliert und am Ende gar nichts macht, außer die antrainierten schlechten Gewohnheiten weiterhin zu pflegen. Ich rate deshalb zu einem kurzen, aber vor allem regelmäßigen Training, das sich gut in den Alltag integrieren lässt. Für Anfänger ist das schon eine große Herausforderung.

Den Druck selbst erhöhen

Geht es ums Sich-Aufraffen, haben es Profisportler deutlich leichter. Denn ihr Druck ist höher. Ziehen sie ihr Training nicht durch, bleiben die Erfolge aus und die Karriere ist bedroht. Fußballprofis werden dann z. B. nicht aufgestellt oder müssen die Saison vorzeitig beenden. Verträge werden nicht verlängert. Da geht es schnell geht es schnell um die berufliche Existenz. Dazu kommt: Einem Profi ist die permanente öffentliche Aufmerksamkeit sicher.

SO ERKENNEN SIE ARTHROSE

- Die Gelenke sind morgens steif. Das wird erst nach einer gewissen Anlaufzeit besser.
- Belastungen verursachen anfangs Schmerzen, die aber während der Belastung nachlassen.
- Bei fortgeschrittenen Arthrosen werden aus Schmerzen nach der Belastung Dauerschmerzen.
- Die Gelenkflüssigkeit nimmt zu – das führt zu einem Gelenkerguss.
- Ein Gelenkerguss bleibt oft mehrere Tage oder Wochen; eine Schwellung geht innerhalb von ein bis drei Tagen zurück.
- Aktive und inaktive Phasen wechseln sich ab.
- Bei einer aktiven Arthrose sind die Gelenke überwärmt, geschwollen, enthalten viel Flüssigkeit, schmerzen und sind gerötet.

Nimmt er zum Beispiel an Gewicht zu, wird jedes überflüssige Pfund kommentiert. Zeigt jemand Schwächen, steht es am nächsten Tag in der Zeitung. Wer Erfolg hat, wird in den Medien als Held gefeiert. Das motiviert natürlich. Wer hingegen Sport treibt, um gesund zu bleiben, muss sich aus eigener Kraft aufraffen. Dabei kann es hilfreich sein, das persönliche Gesundheitsmanagement ebenso ernst zu nehmen wie berufliche Aufgaben.

Verschaffen Sie sich einen Überblick

Wie startet man mit einer sinnvollen Behandlung? Zunächst ist es wichtig, dass Sie sich einen Überblick über den Stand der Arthrose verschaffen. Die Erkrankung entsteht nicht über Nacht, sondern ist ein schleichender Prozess, der sich über viele Jahre verschlimmert. Ärzte unterscheiden vier verschiedene Stadien: Zuerst fasert die Oberfläche des Gelenkknorpels aus – davon merken die Betroffenen lange Zeit nichts. In der zweiten Stufe setzt sich der Prozess fort, sodass aus den Ausfaserungen Risse entstehen. Auch das tut noch nicht weh. Bei einer Arthrose dritten Grades vertiefen sich die Risse häufig bis auf die Knochen, die aber noch von einer Knorpelschicht bedeckt sind – die wird erst im vierten Stadium zerstört. Man spricht dann von einer „Knorpelglatze". Die stellenweise ungeschützten Knochen stoßen in diesem Stadium aufeinander und reiben sich ab. Dabei entstehen schmerzhafte Entzündungen.

Die Belastung langsam steigern

„Spricht etwas dagegen, wenn ich mich körperlich stärker belaste und anfange zu trainieren?" Diese Frage irritiert Ihren Arzt vielleicht. Sie sollten sie aber trotzdem stellen, denn das Maß der Belastung hängt vom Stadium der Arthrose ab. Und eine Belastungssteigerung ist nach dem derzeitigen Stand der Wissenschaft die effektivste Methode gegen Arthrose. Vielleicht starten Sie erst einmal mit Unterstützung eines Physiotherapeuten, der Ihnen zeigt, wie Ihre Gelenke wieder beweglich werden.

Natürlich können Sie diese Therapie mit Massagen, Salben oder ein wenig Ultraschall unterstützen. Allerdings sollten solche passiven Maßnahmen nur ergänzend zur Bewegung zum Einsatz kommen.

Realistische Erwartungshaltung

Wichtig ist dass Sie wissen, was auf Sie zukommt, und Ihre Erwartungshaltung danach ausrichten können. Ob Dachdecker oder Fußballprofi – ich erlebe in der Klinik immer wieder, dass die Betroffenen hoffen, allein mit Massage oder Salben ans Ziel zu kommen. Doch das funktioniert leider nicht. Jeder muss selbst aktiv werden. Und langfristig funktioniert nur die Kombination aus Ernährung und Bewegung.

WENN ES IM KNIE KNIRSCHT

Wenn es in den Gelenken bei Bewegungen knirscht und knackt, wird das häufig mit Arthrose in Verbindung gebracht. Es ist aber kein eindeutiges Zeichen für den Knorpelverschleiß, sondern meist harmlos. Das gilt allerdings nur, wenn das Knacken kurz ist. Kommt es hingegen bei jedem Beugen und Strecken zu Knirschen und Schmerzen, sollten Sie das abklären lassen und Bewegungen immer nur bis zur Schmerzgrenze ausführen.

Der richtige Moment

Damit das gelingen kann, ist gutes Timing gefragt. Denn Sie dürfen den Moment, in dem auch die Maßnahmen aus den Bereichen Bewegung und Ernährung nicht mehr ausreichen, auf keinen Fall verpassen. Wenn alle präventiven und nebenwirkungsfreien Therapien nicht mehr wirken und die Symptome in den Gelenken weiterhin auftreten, kann es an der Zeit sein, sich ein künstliches Gelenk einbauen zu lassen. Das gibt zumindest statistisch gesehen eine berechtigte Hoffnung auf Besserung. Bei der Hüfte und beim Kniegelenk funktionieren Kunstgelenke heute sehr gut, dennoch ist kein Verlass darauf. Etwa ein Viertel der Patienten werden mit einem Kunstgelenk nicht glücklich, da durch die Operation nur strukturelle Probleme der Gelenke, nämlich die Arthrose, behandelt werden. Die Prothesen beeinflussen allerdings nicht die funktionalen Probleme, die Menschen mit Arthrose leider immer zusätzlich entwickeln.

Funktional oder strukturell?

Was ist genau der Unterschied zwischen funktionalen und strukturellen Problemen? Ein strukturelles Problem ist eine Veränderung zum Beispiel an einem Knochen, wenn er gebrochen ist. Die Struktur des Knochens ist dabei unterbrochen, was zu Schmerzen und Fehlstellungen führt. Ob Gewebe, Knochen, Muskeln oder Nerven – der Arzt kann heute alles mit Röntgenbildern, im MRT oder CT darstellen. Strukturelle Probleme sind daher sehr leicht zu entdecken. Anders ist das mit funktionalen Problemen, die sich viel schwerer finden lassen. Dabei stimmt mit den Bewegungsformen etwas nicht. Die Ursache dafür liegt nicht in akuten Verletzungen, sondern ist eher die Folge einer Überlastung. Die wiederum entsteht, wenn ein Gelenk seine Funktion nicht richtig erfüllen kann und die Betroffenen in Fehlhaltungen beziehungsweise Fehlbelastungen ausweichen, um Schmerzen zu vermeiden. Diese Fehlbelastungen führen zu einem muskulären Ungleichgewicht und sind dann wiederum selbst irgendwann für den Schmerz verantwortlich. Auch wenn Muskeln sich als Reaktion auf die Fehlbelastungen verhärten, verursachen sie Schmerzen. Die Lösung sollte daher nicht immer gleich ein Kunstgelenk sein. Zunächst muss es darum gehen, das Gleichgewicht wieder herzustellen, damit die Gelenke wieder gut funktionieren.

Vorsicht vor Fehlbelastungen beim Joggen

„Soll ich mit dem Joggen anfangen, um fit zu werden?“ Viele Patienten stellen mir diese Frage. Doch leider ist das gar nicht so einfach, wie sie sich das vorstellen. Meine Antwort lautet dann immer: „Sie müssen nicht joggen, um fit zu werden, sondern fit sein, um zu joggen.“ Denn dieser Sport ist nicht so leicht, wie er vielleicht aussieht. Kommt es dabei zu Fehlbelastungen, wird die ansonsten positive Wirkung eingeschränkt. Beim Joggen zum Beispiel wiederholt man einen vermeintlich einfachen Bewegungsablauf viele Hundert Mal. Hat jemand X-Beine oder andere Fehlstellungen, kann er zwar ein paar Schritte bewusst gegensteuern, doch das klappt in der Regel nicht auf der ganzen Strecke. Der Körper kann den richtigen Ablauf nur wenige Male wiederholen. Wie viele Male es genau sind, ist individuell unterschiedlich. Auf jeden Fall schafft er es deutlich seltener, als es beim Joggen nötig ist. Das bleibt nicht ohne Folgen: Nach ein paar Hundert Metern fallen viele Läufer automatisch bei jedem Schritt ins X-Bein. Wir Ärzte nennen das „Valguskollaps“. Das X-Bein führt zu einer Überlastung des Kniegelenks und verursacht Schmerzen an bestimmten Stellen. Um dies zu vermeiden, gilt: Man sollte langsam anfangen, sich allmählich steigern und mit gezielten Übungen gegensteuern. Je nach Ausprägung können Orthesen und Einlagen das unterstützen. Man sollte sich aber nicht allein auf sie verlassen.

Gefährlich: Schmerzen ignorieren

„Das muss ich aushalten, damit es besser wird.“ Wenn Patienten nach diesem Motto Schmerzen ignorieren und einfach weitertrainieren, führt die Überlastung nach sehr langer Zeit nicht nur zu funktionalen, sondern auch zu strukturellen Problemen. Im Kopf des Unter- und Oberschenkels sammelt sich Flüssigkeit, die im MRT sichtbar wird. Das kann bei einem Kunstgelenk nicht passieren, denn dabei wurde auch ein Teil des Knochens ersetzt; der Arzt würde an dieser Stelle keine Flüssigkeit mehr nachweisen. Die Schmerzen bleiben aber trotzdem – und die Unzufriedenheit auch. Wer Schmerzen einfach ignoriert, setzt sich auch der Gefahr aus, eine Schonhaltung zu entwickeln. Hat jemand zum Beispiel eine Arthrose im linken Knie, versucht er unbewusst, das betroffene Knie zu entlasten, und belastet das rechte Knie umso mehr. Das schadet nicht nur dem rechten Knie, sondern wirkt eventuell bis in den Rücken, die Hüfte und die Schultern.

Leider keine Erfolgsgarantie

Wenn Bewegung, Ernährung und andere konservative Maßnahmen nicht mehr helfen, stellt sich die Frage, ob jetzt ein Kunstgelenk sinnvoll ist. Erst einmal klingt das verlockend: Ein Eingriff – und die Schmerzen gehören endlich der Vergangenheit an. Doch wie bei allen Operationen gibt es keine Erfolgsgarantie. Selbst wenn die OP und die erste Zeit danach komplikationslos verlaufen, kann eine Prothese sich lockern, neue Eingriffe nach sich ziehen und weiterhin Probleme bereiten. Bei der Überlegung „Rettung oder Risiko" sind Patienten und behandelnde Ärzte gemeinsam gefragt, den bestmöglichen Zeitpunkt zu finden. Einerseits möchte niemand zu früh ein Kunstgelenk haben. Andererseits sollte man nicht zu lange warten, denn dann erhöht sich die Gefahr, dass an benachbarten Gelenken Sekundärschäden entstehen. Letztendlich wird das, was ein Patient als Lebensqualität empfindet, den Ausschlag geben.

Recht auf eine zweite Meinung

Wie hoch ist der Schmerzmittelkonsum? Kann jemand noch Treppen steigen, sich allein anziehen, sich waschen und selbst versorgen? Sind alle konservativen Behandlungsmaßen ausgereizt? Oder lässt sich noch etwas ausprobieren, um den Zeitpunkt der Operation zu verschieben? Das sind wichtige Fragen. Wer selbst unsicher ist, aber vom Arzt eine Operationsempfehlung bekommt, sollte eine Zweitmeinung einholen. Ihr behandelnder Arzt wird sicherlich nichts dagegen haben – schließlich geht es um einen schwerwiegenden Eingriff. Sollte das doch der Fall sein, kann ich Ihnen nur raten zu hinterfragen, ob Sie in den richtigen Händen sind. Erkundigen Sie sich bei Ihrer Krankenkasse nach Spezialisten für eine Zweitmeinung.

Auch nach der OP aktiv bleiben

Wer glaubt, dass alle Probleme mit einer Operation gelöst sind und man danach als Patient selbst nichts mehr tun muss, der irrt sich leider. Auch wenn die Betroffenen große Hoffnungen in künstliche Gelenke setzen, darf die Erwartungshaltung nicht zu hoch sein. Eine Prothese verbessert zwar vieles, macht aber nicht komplett beschwerdefrei. Die Prognosen sind unterschiedlich: Mehr als 80 Prozent der Knieprothesen bleiben 25 Jahre und länger im Körper, machen aber nur 58 Prozent der Patienten zufrieden. Hüftprothesen halten nicht so lange, trotzdem sind mehr als 95 der Patienten mit ihrem künstlichen Hüftgelenk glücklich. Das ergibt sich in der Regel nicht von allein. Neben der Qualität der Operation und dem Zustand der Gelenke spielt auch die Fitness des Patienten vor dem Eingriff eine Rolle. Jeder Betroffene sollte wissen, dass er auch nach einer erfolgreichen OP und nach der Reha aktiv bleiben muss – nur dann wird ein Kunstgelenk auch eine Erfolgsstory!

TRAINING AUF REZEPT

Sie haben Arthrose oder leiden unter anderen Schmerzen, die durch Bewegung besser werden? Sie würde gerne mehr tun, können sich aber allein nicht aufraffen? Dann ist Rehasport in einer Gelenksportgruppe vielleicht das Richtige für Sie. Dort trainieren Sie nicht nur unter qualifizierter Anleitung, sondern treffen auch Gleichgesinnte. Feste Termine motivieren zusätzlich. Außerdem lernen Sie Übungen, die Sie später zu Hause machen können. Wenn ein ärztliches Attest vorliegt, übernehmen die Krankenkassen die Kosten für 50 Einheiten in 18 Monaten.

Der richtige Sport für die Gelenke

Walken oder Wasserski, Joggen oder Yoga, Gymnastik oder Tennis? Sportarten mit geringem Verletzungsrisiko sind bei Arthrose besser geeignet als andere. Im Zweifelsfall ist aber alles erlaubt. Denn Nichtstun richtet den größten Schaden an. Erfahren Sie hier, was beim Thema Bewegung zu beachten ist.

Früher glaubte man, dass es guten und schlechten Sport für Arthrose gibt. Das ist grundsätzlich zwar nicht falsch, kann aber zu falschen Schlussfolgerungen führen. Das Motto „Dann mache ich mal lieber gar nichts“ ist nämlich alles andere als eine sinnvolle Prophylaxe. Denn Arthrose entsteht vor allem auch dann, wenn man sich zu wenig bewegt. Der Knorpel verhungert sprichwörtlich, wenn er nicht mit der für ihn wichtigen Gelenkflüssigkeit ernährt wird. Der Körper drückt diese Flüssigkeit nur bei Belastungen in den Knorpel hinein. Also gilt erst einmal: Alle Sportarten sind gut für die Gelenke. Bewegung füttert und pflegt den Knorpel und schadet ihm keineswegs. Menschen, die gar keinen Sport treiben, haben viel häufiger Arthrose und benötigen ein Kunstgelenk als sportlich aktive.

Verletzungsrisiko ist entscheidend

Dennoch gibt es Unterschiede zwischen geeigneten und weniger geeigneten Sportarten. Das Risiko für den Knorpel besteht vor allem in der Verletzungsgefahr. Man kann zum Beispiel beim Joggen umknicken, sich beim Basketball das Knie verdrehen oder beim Foulspiel verletzt werden. Wird der Knorpel bei Unfällen geschädigt, steigt die Arthrosegefahr. Bei Sportarten wie Schwimmen, Radfahren oder Walken ist das Verletzungsrisiko geringer. Deshalb sind die vor allem für Anfänger und ältere Patienten besser geeignet. Aber es spricht auch nichts dagegen, wenn jemand mit 70 noch fit und kraftvoll genug ist, um joggen zu gehen, Tennis zu spielen oder mit dem Snowboard steile Pisten herunterzusausen. Pauschal lässt sich sagen: Wenn man sich nicht verletzt, ist jeder Sport gut für den Knorpel. Wirklich verboten sind nur Bewegungen, die Schmerzen auslösen. Das darf aber nicht dazu führen, den Sport ganz einzustellen. Stattdessen sollte man man leichtere Übungen machen oder Sportarten wählen, die keine Schmerzen verursachen.

In zwei Phasen langfristig zum Erfolg

Um langfristig erfolgreich zu sein, müssen Sie die Qual, die anfänglich möglicherweise mit Bewegung verbunden ist, akzeptieren und Ihr Training so angenehm gestalten, dass Sie nicht nur durchhalten, sondern die Bewegung Ihnen bestenfalls sogar Spaß macht. Planen Sie zunächst in zwei Phasen. Die erste Phase ist die Zeit der Therapie. Jetzt geht es erst einmal darum, dass Sie sich wieder schmerzfrei bewegen können und Ihre Beschwerden sich deutlich bessern. Das können Sie mit einem intensiven Trainingslager oder mit der Saisonvorbereitung bei den Profis vergleichen. Ohne Anstrengung und ohne Konsequenz geht es nicht. Sie müssen Ihr selbst auferlegtes Programm durchhalten. Als Profi würden Sie sonst in der nächsten Saison nicht aufgestellt. In der zweiten Phase geht es dann um die Erhaltung. Sie dürfen das Gewonnene nicht wieder verlieren. Leichte Verbesserungen sind natürlich willkommen, aber viel wichtiger ist es, dass Sie jetzt weitermachen – und zwar auch dann, wenn es Ihnen bereits besser geht.

Täglich fünf Minuten für die Gelenke

Wenn Sie bisher keinen Sport treiben, kümmern Sie sich am besten nicht nur um Ihre arthrosebedingten Problemzonen, sondern nutzen Sie die Zeit auch, um grundsätzlich und möglichst umfassend fitter zu werden. Bewährt hat sich dafür eine Mischung aus sportlichen Aktivitäten, die Ausdauer, Beweglichkeit und Muskelaufbau fördern. Je nachdem, ob Sie Arthrose im Schulter-, Knie- oder Hüftgelenk haben, kommen jeden Tag fünf Minuten gezielte Übungen für die betroffenen Gelenke dazu (siehe Seite 162). Darüber hinaus empfiehlt es sich auch für Arthrose-Patienten, Muskeln aufzubauen. Das hat mehrere Vorteile: Zum einen werden die Knochen und Gelenke geschont, zum anderen unterstützen Muskeln das Abnehmen. Das können Sie mit Kraftübungen zu Hause ebenso schaffen wie mit gezieltem Training im Fitness-Studio. Überlegen Sie, was Sie mit dem Training erreichen wollen: Um Kraft aufzubauen, sind viele Wiederholungen (20 bis 30) mit mittleren Gewichten sinnvoll. Geht es um den Aufbau von Muskelmasse, die im Ruhezustand sogar noch etwas mehr Energie verbrennt, eignen sich wenige Wiederholungen mit einem Gewicht, das Sie gerade noch schaffen (Achtung: Das gilt nicht, wenn Sie Bluthochdruck haben oder herzkrank sind). Um ohne Verletzungen weiterzukommen, ist Abwechslung das Beste. Trainieren Sie mal mit der einen, mal mit der anderen Belastungsform. Die Angst vor unansehnlichen Muskelpaketen ist übrigens unbegründet: Legen Sie sich ruhig kräftig ins Zeug, denn so schnell wachsen Muskeln nicht.

Wissenswertes über Muskeln

Muskeln sind nicht nur dazu da, um uns zu halten und Bewegungen zu ermöglichen. Sie sorgen auch dafür, dass wir gesund bleiben, indem sie in zahlreiche Prozesse im Körper eingreifen. Lesen Sie hier, was Muskeln mit ihrer Heilkraft alles können.

▶ Schlankmacher

Weil sie viel Energie verbrennt, unterstützt eine starke Muskulatur die Gewichtsreduktion. Wer seine Kraft trainiert, nimmt daher besser ab. Das kann allerdings ein bisschen dauern, denn Muskeln sind schwerer als Fett. Am Anfang steigt das Gewicht oftmals oder bleibt gleich, obwohl man Fett verliert.

▶ Entzündungshemmer

Starke Muskeln schützen vor Entzündungen im Körper. Sie schütten Botenstoffe und Hormone aus, die den Blutdruck senken, den Stoffwechsel in Schwung bringen, die Insulinempfindlichkeit und die Stabilität der Knochen verbessern.

▶ Jungbrunnen

Muskeln halten jung. Wenn sie gefordert werden, produzieren Muskeln Botenstoffe mit hormonähnlicher Wirkung. Die sogenannten Myokine stärken das Immunsystem, die Organe, das Gehirn und heben die Stimmung.

▶ Gelenkschutz

Eine ausgeprägte Muskulatur ist ein wirksamer Schutz für Knochen und Gelenke, die bei Bewegung besser geschont werden, wenn starke Muskeln sie umgeben.

▶ Krankheitsbekämpfer

Stoffwechselerkrankungen wie Typ-2-Diabetes gehören zu den großen Volkskrankheiten. Eine kräftige Muskulatur reduziert das Risiko, denn wer genug Kraft hat, um den Zucker im Blut zu verbrennen, bekommt die Krankheit gar nicht erst.

▶ Apotheke des Körpers

Wenn wir uns bewegen, versorgen die Muskeln den Körper mit gesundheitsfördernden Substanzen. Bestimmte Stoffe verwandeln ungesundes weißes Fettgewebe in aktiveres braunes, das mehr Kalorien verbraucht. Andere Substanzen sorgen dafür, dass die Leber besser Fettsäuren aufnimmt und Vorstufen von Darmkrebs verhindert werden.

Mensch, beweg dich: mein Anti-Schmerz-Programm

Sport hilft nicht nur bei Arthrose, sondern ist auch eine Wunderwaffe gegen Übergewicht, Zivilisationskrankheiten, Schmerzen und andere Beschwerden. Erstellen Sie Ihr persönliches Anti-Schmerz-Training mit diesen sechs Punkten.

MEHR SCHWUNG IN DEN ALLTAG BRINGEN

Ziehen Sie zum Einstieg eine Tagesbilanz und messen Sie mit einem Schrittzähler, wie viel Sie zu Fuß gehen. Wie oft sind Sie sonst noch körperlich aktiv – inklusive Fensterputzen und Staubsaugen? Überlegen Sie dann, wo Sie sich steigern könnten. Bietet sich ein Fußweg zur Arbeit an? Müssen Sie wirklich mit dem Auto zum Supermarkt? Auf welchen Strecken könnte das Fahrrad zum Einsatz kommen? Wäre es möglich, dass Sie in Bahn und Bus einfach stehen statt sitzen? Geht es nicht auch ohne Fahrstuhl nach oben? Versuchen Sie, so oft wie möglich Bewegung in Ihren Alltag einzubauen.

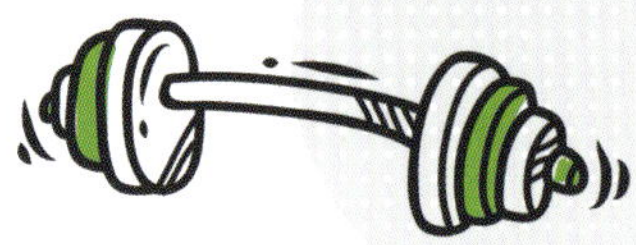

KREISLAUF ANREGEN UND AUSDAUER STÄRKEN

Insgesamt sollten Sie mindestens 150 Minuten pro Woche aktiv sein, um Ihren Kreislauf anzuregen und Ihre Ausdauer zu fördern. Das heißt zum Beispiel: spazieren gehen, wandern, laufen, Rad fahren, schwimmen oder einen Sport treiben, der Ihnen Spaß macht. Um warm zu werden, können Sie vor den Übungen gegen Arthrose (ab Seite 162) auf der Stelle gehen, laufen, tanzen oder springen.

MUSKELN AUFBAUEN UND ERHALTEN

Unsere Muskeln rücken zunehmend in den Vordergrund, wenn es um die segensreiche Wirkung von Bewegung geht. Muskelaufbautraining hilft nicht nur bei Gelenkbeschwerden, sondern auch gegen Rückenschmerzen, Übergewicht, Diabetes oder Osteoporose. Sie können zu Hause mit Übungen zum Muskelaufbau ebenso trainieren wie im Fitness-Studio mit Hanteln und Co. oder im Sportverein unter Anleitung.

DIE BEWEGLICHKEIT VERBESSERN

Mit Trainingseinheiten für die Beweglichkeit halten Sie Muskeln, Bänder und Sehnen in Form und „füttern“ dabei die Knorpel. Yoga und Gymnastik machen die Gelenke beweglicher. Achten Sie darauf, dass Dehnübungen nicht zu kurz kommen. Wassergymnastik ist zwar etwas aufwendiger, eignet sich aber bei Übergewicht besonders gut, da die Gelenke im Wasser nicht durch das eigene Körpergewicht belastet werden.

ENTSPANNEN LERNEN

Stress und Schmerzen hängen eng zusammen, denn unter Dauerdruck verspannt der Körper sich häufiger. Gezielte Entspannung sollte deshalb auch zur Routine werden. Sie können zum Beispiel Meditieren lernen, einen Kurs für autogenes Training oder progressive Muskelentspannung besuchen oder mithilfe einer Entspannungs-App relaxen. Um herunterzukommen, reicht manchmal auch ein kurzer Spaziergang an der frischen Luft oder Sie hören einfach in Ruhe Musik.

FÜNF MINUTEN FÜR DIE PROBLEMZONE

Ob in der Hüfte, im Knie oder in den Schultern – wenn Sie bereits Arthrose haben und Ihr Stadium kennen (siehe Seite 151), widmen Sie sich ab jetzt an vier Tagen in der Woche mindestens fünf Minuten dem Gelenk, das Schmerzen verursacht. Geeignete Übungen, passend zu den Gelenken, finden Sie ab Seite 162.

Dranbleiben: Investieren Sie in sich selbst

Ohne Motivation läuft gar nichts. Sie muss vorhanden sein, damit wir es schaffen, uns regelmäßig zum Sport aufzuraffen. Hier verrate ich Ihnen bewährte Strategien, mit denen Sie effektiv in sich selbst investieren und besser dranbleiben.

Hand aufs Herz: Wie oft haben Sie sich schon vorgenommen, gesünder zu essen, sich mehr zu bewegen, häufiger nach draußen zu gehen oder weniger vorm Fernseher zu sitzen? Wahrscheinlich schon sehr oft – und wahrscheinlich ist langfristig nie etwas daraus geworden. Sie haben vielleicht ein paar Tage, Wochen oder sogar Monate durchgehalten, sind aber irgendwann in Ihre alten Gewohnheiten zurückgefallen. Möglicherweise ist Ihr innerer Schweinehund, den Sie kurzfristig kleingekriegt haben, wieder größer geworden. Um das zu verhindern, beachten Sie die folgenden Punkte:

▶ Seien Sie realistisch

„Ich werde ab sofort jeden Tag zwei Stunden hart trainieren." Solche Versprechen höre ich häufig. Sie werden selten gehalten, denn die meisten machen ja keine Reha, bei der sie sich den ganzen Tag mit ihrer Genesung beschäftigen können. So viel ist auch gar nicht nötig. Mein Motto: Investieren Sie an vier Tagen in der Woche fünf Minuten in das Problem, das Sie gerade haben. Um Zivilisationskrankheiten vorzubeugen, halte ich mich an die Empfehlung der Weltgesundheitsorganisation mit 150 Minuten Sport pro Woche. Die sollten Sie unbedingt einhalten. Auch beim Thema Abnehmen sind realistische Ziele sinnvoll. Versuchen Sie nicht gleich, zwei Kilo in sieben Tagen abzunehmen, sondern lieber erst einmal 500 Gramm.

▶ Setzen Sie sich ein konkretes Ziel

Ihr Ziel muss nicht nur realistisch, sondern auch so konkret wie möglich sein. Nehmen Sie sich also nicht allgemein vor, ab nächster Woche mehr Sport zu treiben, sondern machen Sie einen schriftlichen Plan. Notieren Sie Ihre Trainingszeiten wie berufliche Termine im Kalender. Nach einiger Zeit werden die Sporttermine zur Gewohnheit. Sie müssen dann nicht jeden Tag neu darüber nachdenken, ob und wann Sie wohl eine Gelegenheit zum Sport finden.

▶ Als Team ins Trainingslager

Sie wollen schneller und intensiver starten? Dann hilft Ihnen vielleicht ein persönliches Trainingslager. Suchen Sie sich zwei oder drei Mitstreiter, die etwa auf Ihrem Level sind. Legen Sie die Dauer, die Häufigkeit und die Ziele Ihrer gemeinsamen Trainingseinheiten genau fest. Ziehen Sie einmal in der Woche gemeinsam Bilanz und berichten Sie sich gegenseitig, was geklappt hat und was nicht so gut gelaufen ist. Überlegen Sie sich verschärfende Maßnahmen wie Extraübungen, Intervallfasten oder Fahrstuhlverbot, wenn Sie sich nicht an Ihre Pläne halten. Wiederholen Sie diese „Strafen", bis Sie Ihr Ziel erreicht haben. Der Schlüssel zum Erfolg ist dabei die Gemeinsamkeit, bei der der Druck und die Motivation hochgehalten werden.

▶ Mit sich selbst verhandeln

Ob jung oder alt, Frau oder Mann – mit dem Vorsatz „Ich will mehr für meine Gesundheit tun" stoßen alle an die gleichen Grenzen. Nach der ersten guten Phase (die kann ein paar Tage, ein paar Wochen oder sogar ein paar Monate dauern) wird abgebrochen. Die Gründe dafür sind unterschiedlich. Entweder man hat das Gefühl, gescheitert zu sein, weil die

Erfolge ausbleiben. Oder man hört auf, weil es einem erfreulicherweise wieder besser geht. In beiden Fällen kehren die Schmerzen nach einer gewissen Zeit zurück. Mein Tipp: Legen Sie Ihre eigenen Regeln fest und verhandeln Sie mit sich selbst. Sie können sich zum Beispiel bestimmte Sachen „kaufen“ (mal ein Stück Torte essen) und mit anderen Dingen dafür bezahlen (zum Ausgleich machen Sie doppelt so viele Übungen wie sonst).

▶ Aufraffen mit Trick

Bestimmt wird es Tage geben, an denen Sie das Gefühl haben „Heute geht bei mir gar nichts“. Sie fühlen sich müde und kommen einfach nicht in Fahrt. Das dürfen Sie sich auch ruhig eingestehen, solange es die Ausnahme bleibt. Doch statt tatsächlich gar nicht erst anzutreten, stellen Sie sich für solche faulen Tage ein kurzes Notprogramm zusammen, das aus Übungen besteht, die Ihnen leichtfallen und für die Sie sich nicht groß aufraffen müssen. Nach dem Motto „Lieber kurz als gar nicht“ tun Sie dann trotzdem etwas für Ihre Gesundheit.

▶ Ausnahmen akzeptieren

Wenn Verhaltensänderungen sich eingespielt haben, eine Ernährungsumstellung eine Zeit lang gelungen ist und man sein Sportprogramm durchhält, kann immer etwas passieren, das einen aus dem neuen Rhythmus bringt. So ist es zum Beispiel im Sommer leichter, sich draußen zu bewegen, als im Winter. Regen ist dann ein willkommener Anlass, den Sport ausfallen zu lassen. Beim Essen ist das nicht anders. Ob Grillparty, Weihnachten oder Betriebsfeier – hat man im Ausnahmefall wieder zu viel Alkohol getrunken oder reichlich Süßes gegessen, kommt es zum Jetzt-ist-auch-egal-Effekt. Alle guten Vorsätze werden über Bord geworfen. Halten Sie inne, wenn Sie sich dabei erwischen. Akzeptieren Sie das als Ausnahme zum Abhaken und machen Sie danach einfach weiter wie vorher.

▶ Erfolge aufschreiben

Lohnt das Ganze überhaupt? Habe ich mich weiterentwickelt? Eigentlich geht es mir ja auch ohne Sport nicht schlecht. Muss ich mich wirklich so anstrengen? Der innere Schweinehund ist schnell zur Stelle, wenn es darum geht, Ausreden zu finden. Kommen dann noch kleine Misserfolge dazu (beispielsweise, dass die ersehnte Gewichtsabnahme ausbleibt oder die Zeit beim Joggen nicht besser wird), besteht die Gefahr, dass man alles wegen vermeintlicher Aussichtslosigkeit wieder einstellt. Schreiben Sie deshalb nicht nur Ergebnisse auf, sondern suchen Sie noch andere Möglichkeiten, sich selbst Pluspunkte zu geben. Etwa dafür, dass Sie überhaupt zum Sport angetreten sind und Ihre Übungen gemacht haben.

KOPFKINO

Positive Gedanken beflügeln. Wenn der Sport oder die Ernährungsumstellung sehr mühsam für Sie ist, helfen kurze Motivationsfilme im Kopfkino. Malen Sie sich aus, wie zufrieden Sie sein werden, wenn das Trainingsprogramm geschafft ist. Visualisieren Sie das gute Gefühl, nach einer gesunden Mahlzeit Schluss mit dem Essen zu machen und nicht mehr zu naschen. Stellen Sie sich vor, wie Sie sich vielleicht bald wieder schmerzfrei bewegen können und wie viel Freude Ihnen das bereiten wird. Solche Motivationsfilme im Kopf sollten grundsätzlich positiv sein. Es gibt aber auch Menschen, die sich von negativen Bildern anspornen lassen. Die Vorstellung, zum Beispiel eines Tages kaum noch laufen zu können, treibt einen dann zum Training. Probieren Sie aus, was bei Ihnen wirkt.

Helfer gegen den Verschleiß

Sie ersetzen zwar nicht die gesunde Ernährung und gezielte Bewegung, tun den Gelenken aber gut und helfen vielen Patienten. Ob kalte Umschläge oder warme Bäder, Medikamente oder Kohlwickel. Hier stelle ich Ihnen Maßnahmen vor, die die aktive Therapie unterstützen, aber kein Ersatz dafür sind.

KÄLTE UND WÄRME

Die Gelenke mögen beides. Wärme (Wärmflasche, Heizkissen, Wärmepflaster) regt die Durchblutung an und sorgt dafür, dass mehr Nährstoffe ins Umfeld der Gelenke gelangen und Bewegungen leichter werden. Sind die Gelenke entzündet oder geschwollen, wirkt Kälte besser (kühle, aber nicht eiskalte Coolpacks, Gels oder Wickel).

ULTRASCHALL, LASER, STOSSWELLE

Es gibt viele „passive" Therapieformen zur Unterstützung: Sie müssen nichts tun, das Gerät arbeitet. Ob per Ultraschall, Elektrotherapie, Röntgen, Laser oder Stoßwelle – es geht immer darum, den Stoffwechsel und die Durchblutung auch in tieferen Gewebeschichten anzuregen, um die Schmerzen zu lindern und Entzündungen zu bekämpfen.

VORSICHT, ARTHROSKOPIE!

Bietet Ihnen der Arzt eine Kniespiegelung (Arthroskopie) nur zur Diagnose oder zum „Durchputzen" an, sollten Sie misstrauisch werden. Studien haben gezeigt, dass dies nutzlos ist, weshalb die gesetzlichen Krankenkassen den Eingriff nicht mehr zahlen. Eine Arthroskopie ist nur bei einem klar definierten Schaden im Gelenk sinnvoll.

SCHMERZMEDIKAMENTE

Sie sind gut geeignet, um anfangs trotz Schmerzen beweglich zu bleiben und Beschwerden für kurze Zeit zu lindern. Doch Medikamente sollten keine Dauerlösung sein, denn sie haben erhebliche Nebenwirkungen. Schmerz-Patienten sollten die Einnahme (auch bei rezeptfreien Mitteln) immer mit Ihrem Arzt besprechen und so kurz wie möglich halten.

KOHLWICKEL UND CO.

Viele schwören darauf: Mehrere Stunden einen Wickel aus Kohlblättern (Weißkohl oder Wirsing) ums Knie zu binden, ist oft wirksamer als ein Schmerzgel. Die Wickel wirken kühlend, abschwellend und gegen die Entzündung.

EIGENBLUTPLASMA

Bei der sogenannten Eigentblutplasmatherapie behandelt der Arzt den Patienten mit dessen eigenen Blut. Das wird entnommen und zentrifugiert, um die roten Blutkörperchen von Blutplättchen und -plasma zu trennen. Das Plasma enthält dann deutlich konzentriertere Wachstumsfaktoren, die in das betroffene Gelenk gespritzt werden und dort Reparationsprozesse auslösen sollen.

HYALURONSÄURE

Die natürliche Säure, die auch Bestandteil der Gelenkflüssigkeit ist, baut sich bei Arthrose nicht mehr richtig auf und ab. Deshalb sollen Spritzen mit synthetisch hergestellter Hyaluronsäure den Gelenkverschleiß bremsen und Schmerzen lindern. Das wirkt allerdings nicht bei jedem und leider ist der Effekt oft nicht von Dauer. Außerdem besteht das Risiko einer Gelenkinfektion. Auch dieses Verfahren wird von den Krankenkassen so gut wie nie übernommen.

MEDIZINISCHE HILFSMITTEL

Trotz Arthrose sportliche Belastungen meistern? Nach einer Operation schnell wieder auf die Beine kommen? Mit medizinischen Hilfsmitteln wie Bandagen, Gehhilfen, Einlagen oder Orthesen kann man die Gelenke vorübergehend entlasten und in ihrer Stabilität unterstützen. Langfristig baut sich dadurch aber die Muskulatur ab. Deshalb sind sie zwar für ein Tennismatch oder eine Wanderung geeignet, aber keine Dauerlösung.

KNORPELNAHRUNG WIRKUNGSLOS

Nahrungsergänzungsmittel mit den Stoffen Chondroitin und Glukosaminsulfat werden in der Werbung häufig als wirksames „Knorpelfutter“ gegen Arthroseschmerzen angeboten. Allerdings gibt es keinen wissenschaftlichen Beleg dafür, dass sie einen erkennbaren Effekt zeigen. Auch wenn die Idee toll ist, die Substanzen kommen nicht in ausreichender Menge im Gelenk an.

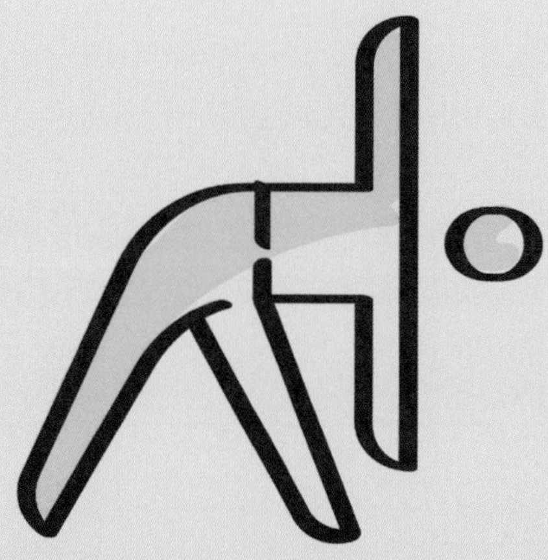

Jeden Tag fünf Minuten

Ob Hüfte, Knie oder Hände – hier finden Sie Übungen in unterschiedlichen Varianten. Probieren Sie aus, welche Schwierigkeitsstufe Sie wie lange schaffen. Fordern Sie sich dabei ruhig. Sie sollten jede Übung so lange machen, bis es anstrengend wird – und dann noch ein bisschen länger. Versuchen Sie, sich mit der Zeit zu steigern, indem Sie mehr Wiederholungen machen oder in eine schwierigere Variante wechseln. Wichtig: Gleichgültig, welche Stufe Sie wählen, Sie sollten Ihre schmerzenden Gelenke an vier Tagen in der Woche jeweils fünf Minuten trainieren.

Für die Hüftgelenke

Treten Schmerzen seitlich an der Hüfte auf, deutet das auf Probleme mit Muskeln, Schleimbeuteln oder Sehnen hin. Arthroseschmerzen merken Sie vor allem in der Leiste. Mit diesen Übungen stärken Sie Ihre Hüftgelenke auf beiden Seiten.

BEIDBEINIGE BRÜCKE

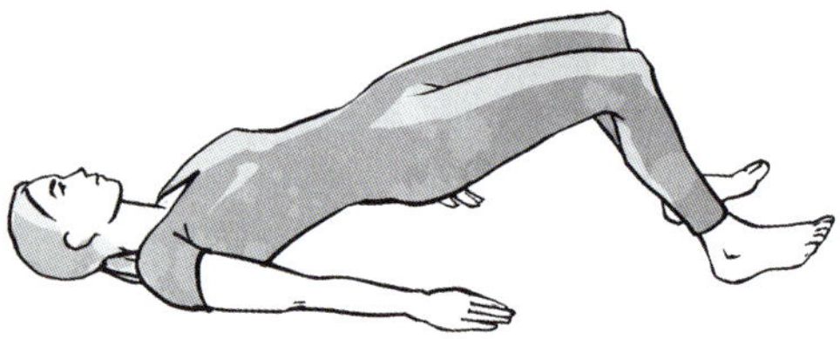

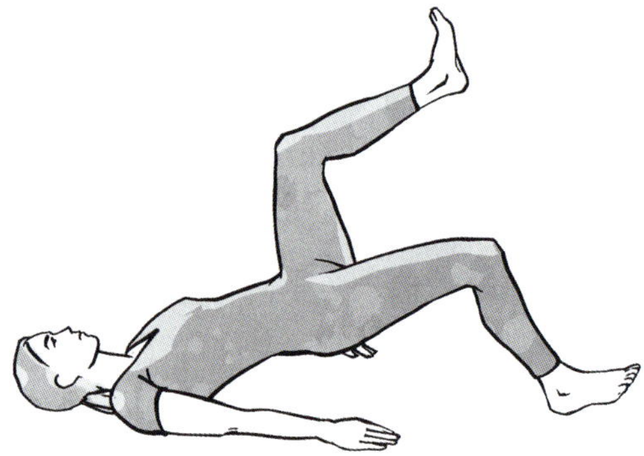

VARIANTE LEICHT

Legen Sie sich auf den Rücken und winkeln Sie die Kniegelenke im 90-Grad-Winkel an. Die Arme liegen lang auf dem Boden, die Füße berühren nur mit den Fersen den Boden. Heben Sie die Hüfte hoch in die beidbeinige Brücke, bis Oberkörper und Oberschenkel eine Linie bilden. Halten Sie die Position so lange, bis es anstrengend wird. Dann senken Sie die Hüfte wieder ab und wiederholen die Übung.

VARIANTE MITTEL

Heben Sie in der beidbeinigen Brücke abwechselnd das rechte und das linke Bein im rechten Winkel hoch.

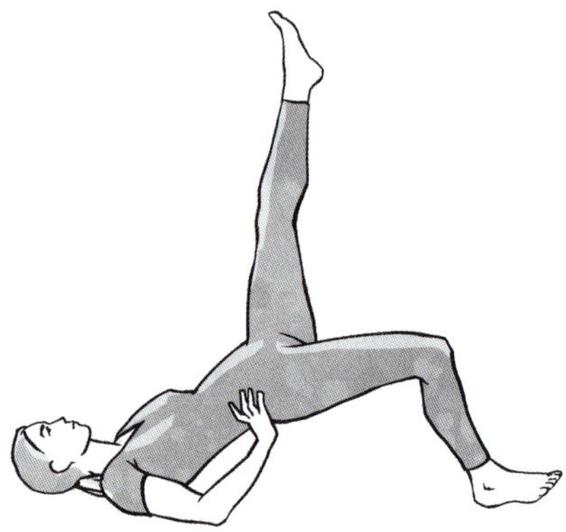

VARIANTE SCHWER

Heben Sie ein Bein gestreckt hoch (Bild oben) und führen Sie es langsam herunter, bis es fast den Boden berührt (Bild unten). Dann heben Sie das gestreckte Bein wieder nach oben. Bei dieser Variante stützen Sie die Hände in die Hüfte. Seitenwechsel.

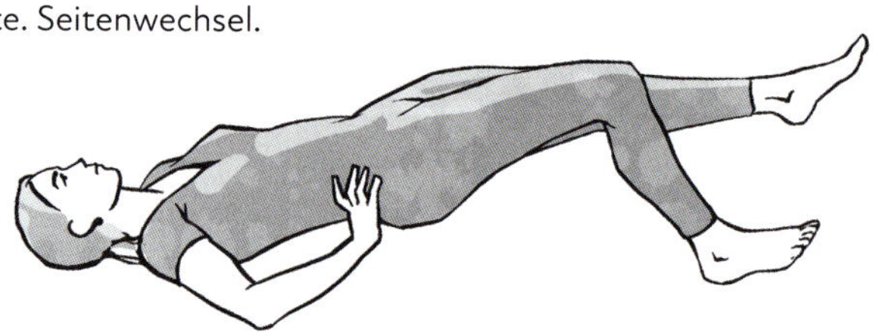

VIERFÜSSLERSTAND

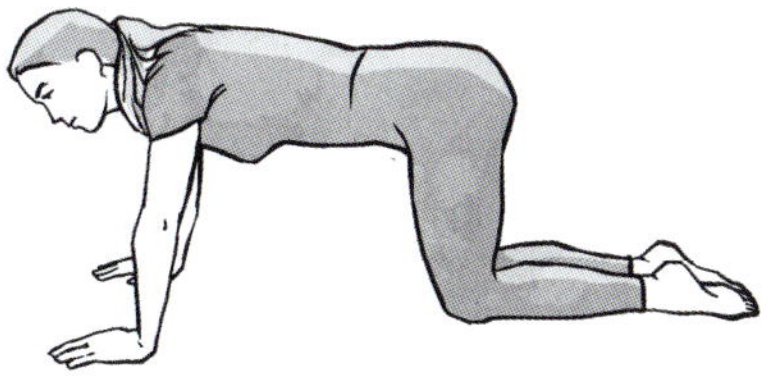

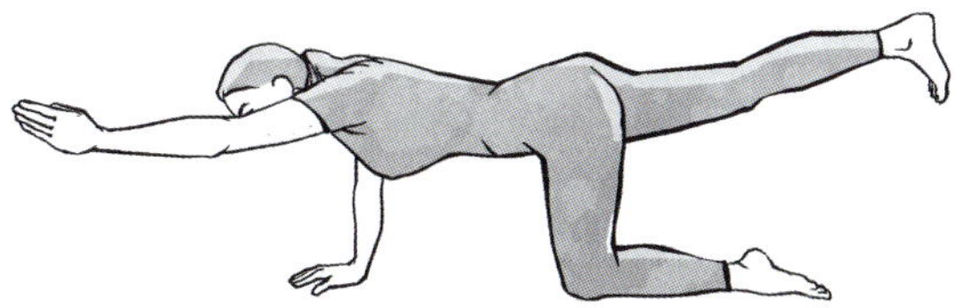

VARIANTE LEICHT

Gehen Sie in den Vierfüßlerstand (Bild unten). Heben Sie zunächst abwechselnd ein Bein (Bild oben) und dann einen Arm und halten Sie das Bein beziehungsweise den Arm so lange hoch, dass Sie sich anstrengen müssen. Dann ist die andere Seite dran. Heben Sie Arm und Bein nicht gleichzeitig.

VARIANTE MITTEL

Beginnen Sie im Vierfüßlerstand wie bei der leichten Variante. Diesmal heben Sie zuerst das Bein und dann den schräg gegenüberliegenden Arm. Halten Sie das Bein und den Arm gleichzeitig hoch. Dann wechseln Sie die Seite.

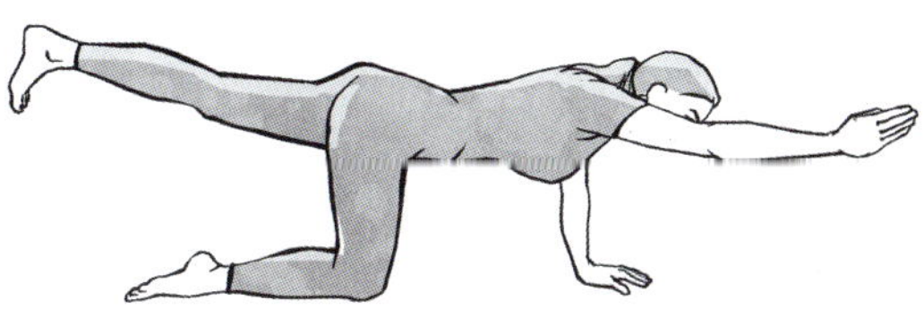

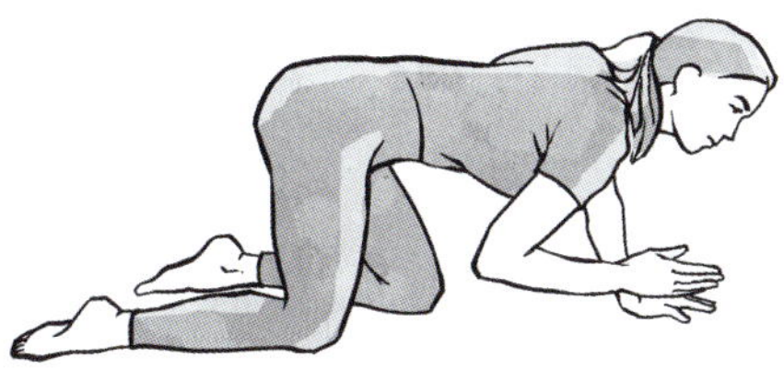

VARIANTE SCHWER

Jetzt strecken Sie gleichzeitig den rechten Arm und das linke Bein (Bild oben) und ziehen danach Ellenbogen und Kniegelenk zusammen, ohne den Boden zu berühren (Bild unten). Dann wechseln Sie die Seite. Führen Sie die Bewegungen sehr langsam und kontrolliert aus.

HÜFTGELENK: WANN ZUR OPERATION?

Sie wachen jeden Morgen mit starken Leistenschmerzen auf, die Beweglichkeit Ihres Hüftgelenks lässt stetig nach und Sie können nicht sportlich aktiv werden? Dann sollten Sie über ein künstliches Gelenk nachdenken. Das gilt auch, wenn regelmäßige Übungen keine Wirkung mehr zeigen.

Für die Kniegelenke

Eine Arthrose entwickelt sich, wenn der Knorpel nicht ausreichend mit Nährstoffen versorgt wird. Die bekommt er nicht aus dem Blut, sondern sie werden durch Belastungen mithilfe der Gelenkflüssigkeit in den Knorpel gedrückt. Deshalb geht es nicht ohne Bewegung.

BEINSTRECKEN IM SITZEN

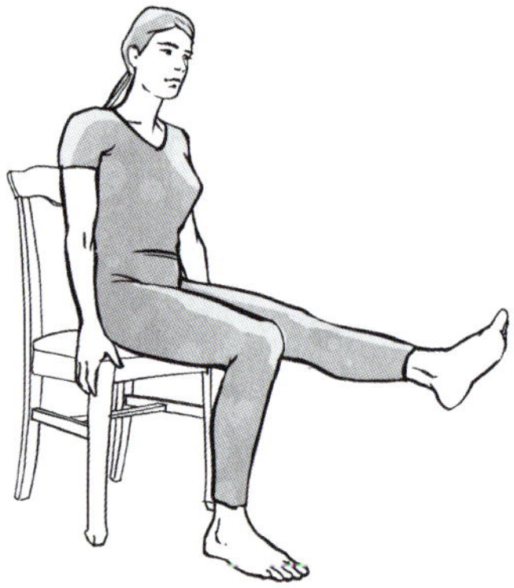

VARIANTE LEICHT

Setzen Sie sich auf einen Stuhl und stellen Sie die Beine im rechten Winkel mit der ganzen Fußsohle auf den Boden. Stützen Sie die Hände seitlich auf der Sitzfläche auf. Heben Sie nun ein Bein, bis das Kniegelenk durchgestreckt ist und Sie das Bein waagerecht halten. Danach senken Sie es wieder ab. Wiederholen Sie die Streckung mindestens 10-mal. Dann wird die Seite gewechselt.

VARIANTE MITTEL

In dieser Variante stärken Sie Ihre Knie ebenfalls im Sitzen, allerdings nicht auf einem Stuhl, sondern im sogenannten Wandsitz. Das heißt, dass Sie den Rücken gegen eine Wand drücken – und zwar so lange, wie Sie es schaffen.

VARIANTE SCHWER

Diese Übung hat es in sich. Sie begeben sich wie bei der mittelschweren Variante in den Wandsitz. Nun heben Sie ein Bein gestreckt an, halten es kurz oben und führen es dann langsam wieder herunter, bis der Fuß fast den Boden berührt. Dann geht's wieder nach oben, bevor Sie das Gleiche mit dem anderen Bein machen.

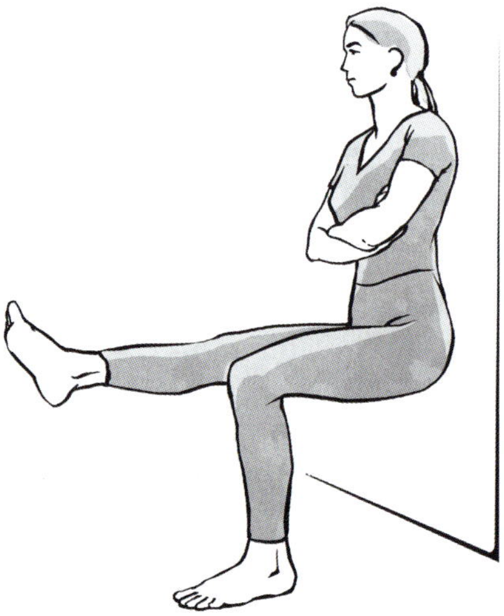

AUFSTEHEN UND HINSETZEN

VARIANTE LEICHT

Stellen Sie sich vor einen Stuhl. Heben Sie die Arme und gehen Sie so langsam wie möglich in die Knie. Versuchen Sie, das geringe Tempo durchzuhalten, bis das Gesäß die Sitzfläche berührt. Setzen Sie sich kurz hin und stehen Sie dann wieder auf, um die Übung zu wiederholen.

VARIANTE MITTEL

Machen Sie eine beidseitige Kniebeuge. Achten Sie darauf, dass die Knie nicht über die Füße ragen. Das gelingt, indem Sie erst das Gesäß nach hinten strecken und dann herunter gehen. Nutzen Sie Gewichte (zum Beispiel kleine Wasserflaschen) zur Unterstützung. Sie müssen nicht besonders tief in die Knie gehen, denn das tut am Anfang oft weh. Wenn Sie es bis ganz unten schaffen, strecken Sie die Arme dabei nach vorne.

VARIANTE SCHWER

Schaffen Sie die Kniebeuge auch auf einem Bein? Stellen Sie sich dafür zur Sicherheit vor einen Stuhl und heben Sie ein Bein leicht nach oben. Nun senken Sie das Gesäß langsam nach hinten, bis Sie auf dem Stuhl sitzen, und heben es anschließend wieder empor. Danach wird das Bein gewechselt. Sie können die Kniebeuge auch in der Schrittstellung mit Gewichten (Wasserflaschen) machen. Wichtig: Das vordere Knie darf dabei nicht über den vorderen Fuß hinausragen.

KNIEGELENK: WANN ZUR OPERATION?

Wenn Sie schmerzbedingt nicht mehr an Aktivitäten teilnehmen können, die wichtig für Ihr Leben sind, ist dies ein klares Zeichen, dass Sie über ein künstliches Gelenk nachdenken sollten. Bei Unsicherheiten hilft ein kleiner Test: Können Sie das Kniegelenk noch voll durchstrecken?

Für die Schultergelenke

Mehr als 90 Prozent der Schulterprobleme lassen sich auf zwei banale Dinge zurückführen: Wir trainieren mit Alltagsbewegungen unbewusst Muskeln, die das „Schulterdach" verengen, und der Nacken verspannt sich oftmals fast von allein. Beides lässt sich gut mit Bewegung behandeln, wenn man dabei konsequent ist.

DRÜCKEN UND ZIEHEN

VARIANTE LEICHT

Setzen Sie sich an den Tisch, legen Sie eine Hand auf den Tisch. Schieben Sie sie so weit wie möglich nach vorne, halten Sie sie dort ein paar Sekunden und ziehen Sie sie wieder zurück. Danach ist die andere Seite dran.

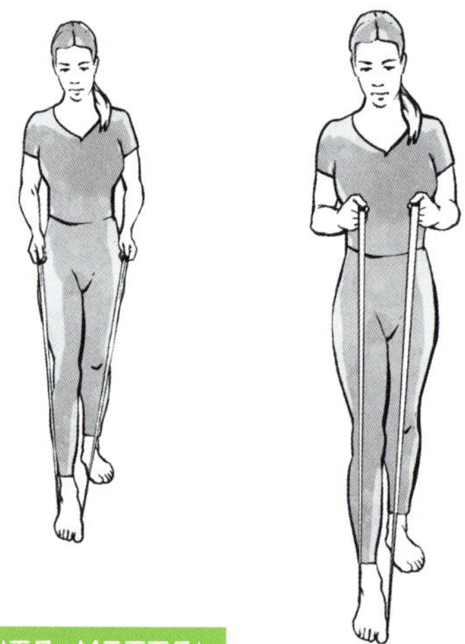

VARIANTE MITTEL

Für diese Variante brauchen Sie ein Theraband. Fixieren Sie es in der Schrittstellung mit einem Fuß am Boden. Beugen Sie die Arme im rechten Winkel und drücken Sie die Oberarme gegen den Körper. Spannen Sie das Band fest und ziehen Sie es hoch, sodass die Hand Richtung Schulter geht. Die Schultern bleiben dabei stabil, nur das Ellenbogengelenk wird gebeugt. Ziehen Sie das Band ein paar Mal hoch, bevor Sie die Seite wechseln, also das Band unter dem anderen Fuß fixieren.

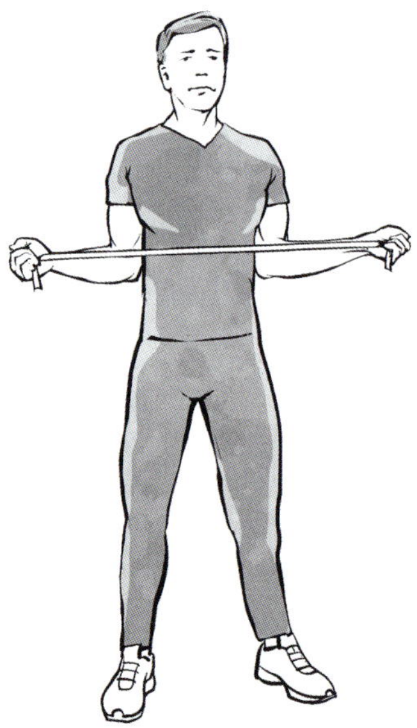

VARIANTE SCHWER

Stellen Sie sich aufrecht mit leicht geöffneten Beinen hin. Die Ellenbogengelenke und die Oberarme werden am Körper gehalten. Spannen Sie das Theraband fest vor dem Bauch, sodass die Arme im rechten Winkel gebeugt sind. Jetzt ziehen Sie das Band bei anliegenden Oberarmen mit beiden Armen mehrmals nach außen.

SCHULTERN KREISEN

VARIANTE LEICHT

Ob Sie sitzen oder stehen – diese Übungen können Sie nicht nur im Rahmen Ihres Work-outs, sondern auch immer mal wieder zwischendurch machen. Kreisen Sie die Schultern vorwärts und rückwärts abwechselnd.

VARIANTE MITTEL

Für die mittelschwere Variante benötigen Sie ein Theraband, das Sie an einer Türklinke befestigen. Stellen Sie sich aufrecht hin und ziehen Sie mit beiden Armen daran. Dabei kreisen Sie die Schultern.

VARIANTE SCHWER

Legen Sie sich auf den Bauch und nehmen Sie leichte Gewichte in die Hand (Bild oben). Heben Sie den Oberkörper mit angewinkelten Armen hoch und strecken Sie die Gewichte nach vorn (Bild unten). Wenn Sie lieber ohne Gewichte arbeiten, machen Sie Schwimmbewegungen mit den Armen.

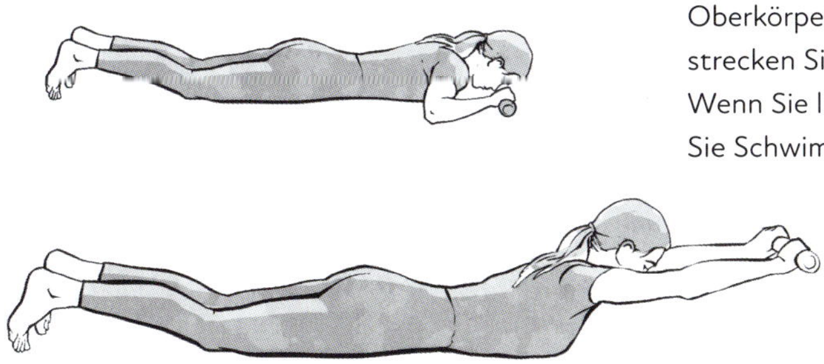

SCHULTERGELENK: WANN ZUR OPERATION?

Wenn es um die Frage geht, wann man konkret an ein neues Schultergelenk denken muss, gilt grundsätzlich: Erst einmal gar nicht! Schultergelenke sollten nur ersetzt werden, wenn die Schulter umfangreich geschädigt ist oder nicht mehr im eigentlichen Gelenk verbeiben kann. Mit normalem Verschleiß hat das nichts zu tun. Ein Schultergelenkersatz ist immer ein Spezialfall. Ein solcher Eingriff wird zum Beispiel nach schweren Unfällen gemacht und erfordert eine sehr individuelle Betreuung.

Für Hände und Finger

Im Alltag brauchen wir sie ständig. Wenn die Hände Schmerzen verursachen, ist es wichtig, die Beweglichkeit zu erhalten. Hier finden Sie kleine, aber effektive Übungen für die Fingergelenke, fürs Handgelenk und für die Daumensattelgelenke.

TRAINING FÜR DIE FINGER

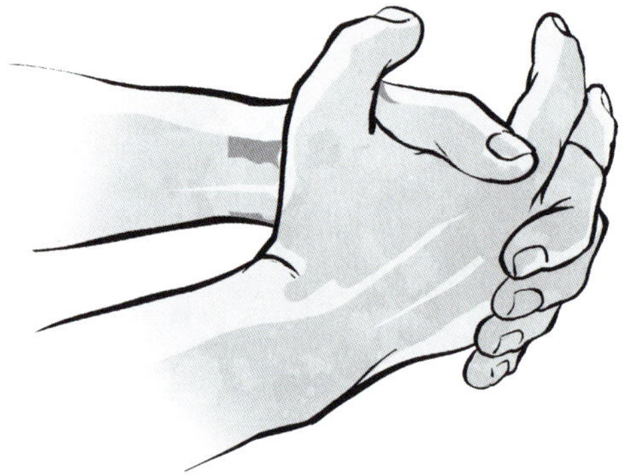

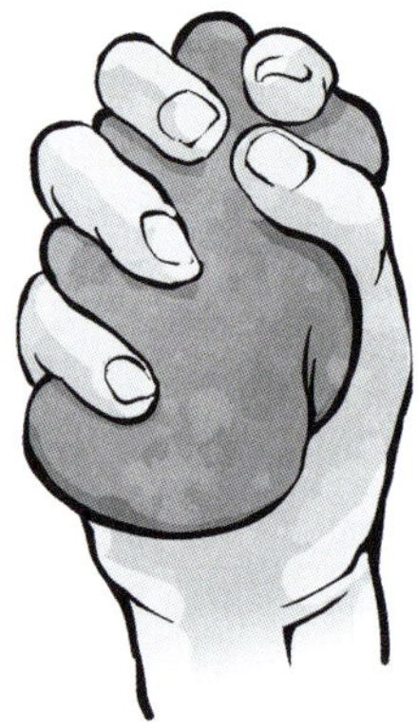

VARIANTE ENTLASTEND

Füllen Sie eine Schale mit kühlem Wasser, in der Sie die Faust öffnen und schließen und das Handgelenk in alle Richtungen drehen. Drücken Sie die Fingerspitzen auf den Grund der Schale, sodass die Finger leicht gedehnt werden. Machen Sie das abwechselnd mit beiden Händen. Am Ende falten Sie beide Hände und halten sie zusammen ins Wasser.

VARIANTE BELASTEND

Für diese Übungen brauchen Sie Knetgummi (Therapieknete) in verschiedenen Härtegraden. Probieren Sie aus, ob Sie Ihre Hände lieber in Wärme oder Kälte bewegen. Therapieknete kann man in den Kühlschrank legen oder kurz aufwärmen. Kneten Sie die Knete abwechselnd mit beiden Händen durch oder drücken Sie mit einzelnen Fingern darauf. Testen Sie selbst, welche Bewegungen Ihren Händen guttun. Starten Sie sanft mit weicher Knete.

DEHNUNG DER HANDGELENKE

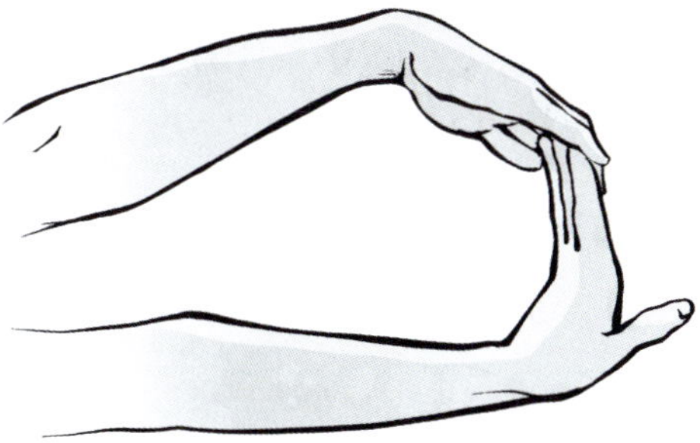

AN DEN FINGERN ZIEHEN

Ob im Stehen oder im Sitzen – strecken Sie einen Arm mit der Handfläche nach unten vor dem Körper aus. Halten Sie die Fingerspitzen von oben mit der anderen Hand fest und ziehen Sie sie vorsichtig zum Körper, bis Sie die Dehnung im Handgelenk spüren. Halten Sie die Dehnung 20 Sekunden. Dann ist die andere Seite dran.

DAUMENSATTELGELENK MOBILISIEREN

Trainieren Sie Ihre Daumengelenke, indem Sie die Daumen abwechselnd abspreizen und wieder in die Handinnenfläche zurückführen. Zwischendurch lockern Sie das Gelenk.

FINGER SPREIZEN

Führen Sie die Hände vor den Körper, die Arme sind etwa im rechten Winkel gebeugt (Bild rechts). Nun drehen Sie die Handflächen nach außen und spreizen dabei die Finger so weit wie möglich (Bild links).

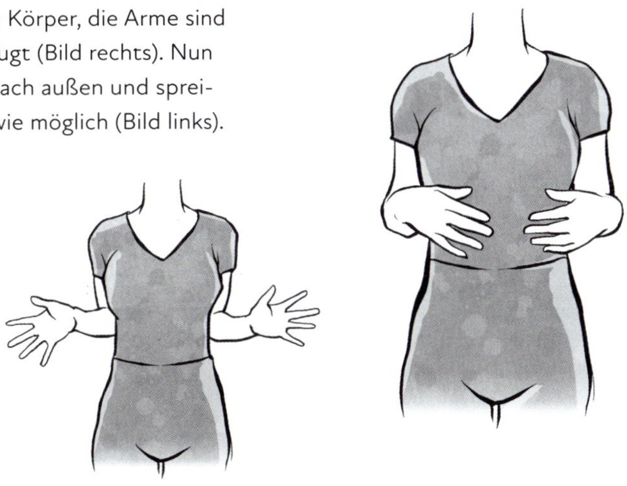

Gut in Form von Kopf bis Fuß

Spezielles Training für schmerzende Gelenke ist das erste Ziel. Mit zusätzlichen Dehn- und Kraftübungen erreichen Sie aber noch mehr und bringen auch Ihren Kreislauf in Schwung. Hier gibt's Übungen für zu Hause, die Sie rundum fit halten.

DEHNUNG FÜR DEN OBERKÖRPER

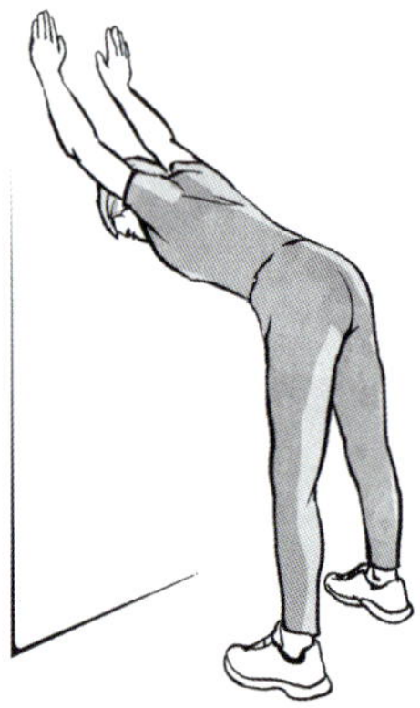

FÜR BEIDE SCHULTERN

Stellen Sie sich vor eine Wand. Legen Sie die Hände etwas mehr als schulterbreit an die Wand, sodass die Arme ein V bilden. Gehen Sie in die Dehnung, indem Sie das Gewicht des Oberkörpers nach unten ziehen. Dabei gilt: Je größer der Abstand mit den Füßen zur Wand, desto stärker die Dehnung. Halten Sie die Dehnung etwa 20 Sekunden.

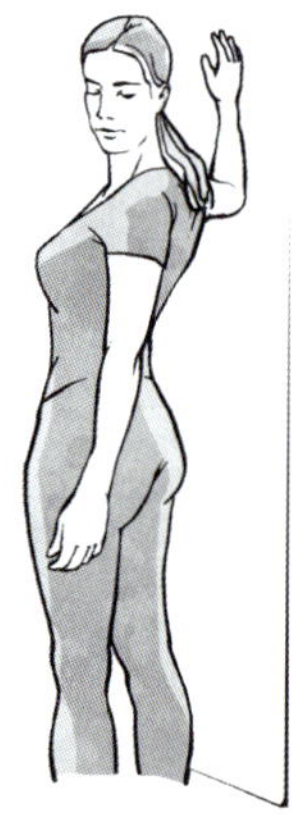

FÜR EINE SCHULTER

Stellen Sie sich seitlich zur Wand. Platzieren Sie den rechten Arm im 90-Grad-Winkel mit dem Unterarm an der Wand. Nun drehen Sie sich so weit nach links, bis Sie spüren, wie die Brustmuskulatur gedehnt wird. Halten Sie jede Seite etwa 20 Sekunden.

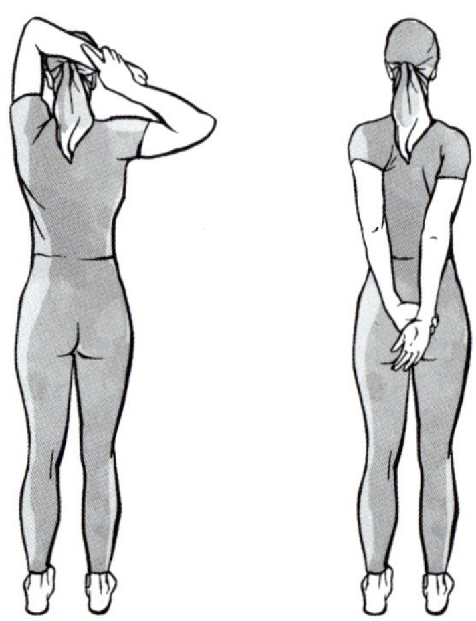

FÜR OBERE & UNTERE SCHULTER

Stellen Sie sich aufrecht hin. Die Beine sind etwas mehr als hüftbreit geöffnet. Führen Sie beide Hände hinterm Kopf zusammen und ziehen Sie den linken Arm mit der rechten Hand nach unten (Bild links). 20 Sekunden halten, dann wechseln Sie die Seiten. Für die Dehnung der unteren Schulter führen Sie die Hände hinter dem Gesäß zusammen, strecken die Arme durch und dehnen Arme und Schultern etwa 20 Sekunden lang (Bild rechts).

DEHNUNG FÜR DIE BEINE

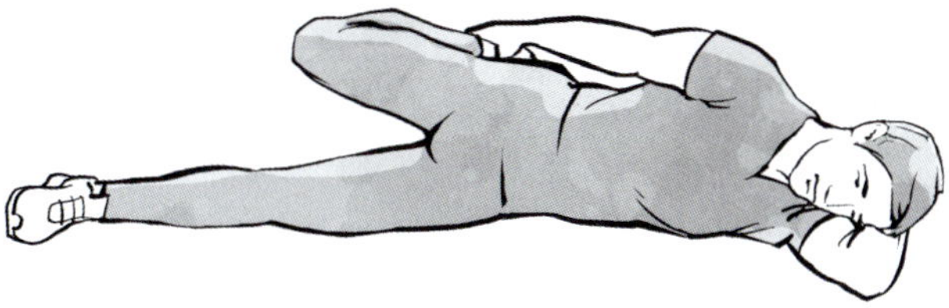

VARIANTE IM LIEGEN

Legen Sie sich auf die Seite, Oberkörper, Hüfte und Beine bilden dabei eine Linie. Den Kopf legen Sie auf dem linken Arm ab. Nun ziehen Sie mit der rechten Hand das rechte Fußgelenk so weit zurück Richtung Gesäß, wie Sie es schaffen, und halten die Position etwa 20 Sekunden. Danach ist die andere Seite dran.

VARIANTE IM KNIEN

Für diese Variante stellen Sie den rechten Fuß und das linke Knie auf den Boden. Legen Sie den linken Fuß auf einer Treppenstufe oder einer anderen Erhöhung ab und dehnen Sie die Beine in dieser Position 20 Sekunden, bevor Sie die Seite wechseln. Wichtig: Das vordere Knie darf nicht über die Fußspitze ragen.

VARIANTE IM STEHEN

Heben Sie aus dem Stand das rechte Bein an und ziehen Sie es mit der rechten Hand Richtung Gesäß. Den linken Arm strecken Sie dabei nach oben. 20 Sekunden halten, dann Seitenwechsel. Achten Sie darauf, dass Sie aufrecht stehen und den Blick geradeaus richten. Wenn Sie nebenbei noch Ihr Gleichgewicht trainieren möchten, machen Sie diese Übung mit geschlossenen Augen.

DEHNUNG FÜR DIE HÜFTE

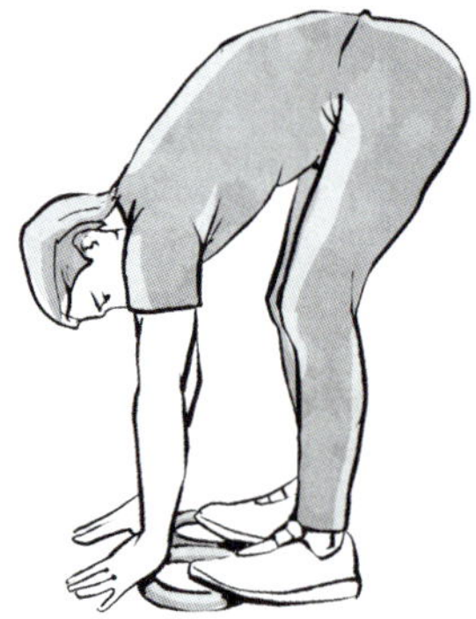

VARIANTE IM SITZEN

Setzen Sie sich auf den Boden. Stellen Sie die Füße auf den Fersen (Knie im 90-Grad-Winkel) vor dem Körper auf. Die Arme werden waagerecht nach vorne gestreckt (Bild oben). Nun legen Sie Beine nach rechts außen (die Bewegung kommt aus der Hüfte, Bild unten) und nehmen die Arme dabei mit. Halten Sie die Position 20 Sekunden und wechseln nach links außen (ebenfalls 20 Sekunden halten).

VARIANTE IM STEHEN

Beugen Sie sich im Stehen nach vorne. Versuchen Sie, die Knie durchzustrecken und mit den Händen die Zehen oder den Boden zu berühren. Nutzen Sie gegebenenfalls leichte Erhöhungen unter dem Vorfuß, um den Oberschenkel effektiv zu dehnen.

VARIANTE IM LIEGEN

Legen Sie sich auf den Rücken und heben Sie ein Bein im rechten Winkel an (Bild rechts). Halten Sie das Bein oberhalb des Kniegelenks mit beiden Händen und versuchen Sie, es zu strecken und etwas weiter als 90 Grad zu dehnen (Bild links). Halten Sie die Streckung 20 Sekunden, dann Seitenwechsel.

GANZKÖRPERSTÜTZ

VARIANTE EINFACH

Ein richtiger Liegestütz ist ganz schön schwer. Wenn Sie noch keinen schaffen, fangen Sie mit der leichten Variante an: Trainieren Sie erst einmal an einer Wand.

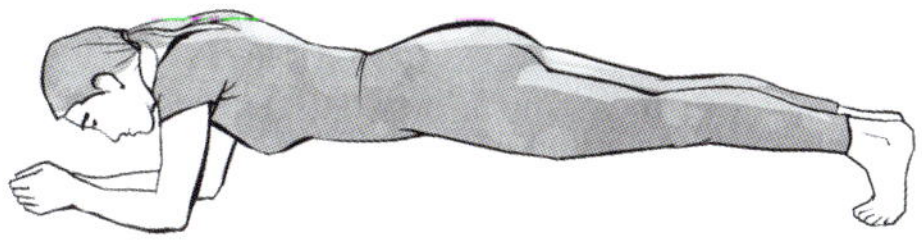

VARIANTE MITTEL

Um Schultern, Knie und Hüfte gleichzeitig zu trainieren, eignen sich Übungen wie der Ganzkörperstütz (Plank). Dafür stützen Sie sich auf den Zehen und den Unterarmen ab. Der Kopf ist die Verlängerung der Wirbelsäule. Versuchen Sie, diesen Stütz so lange wie möglich zu halten.

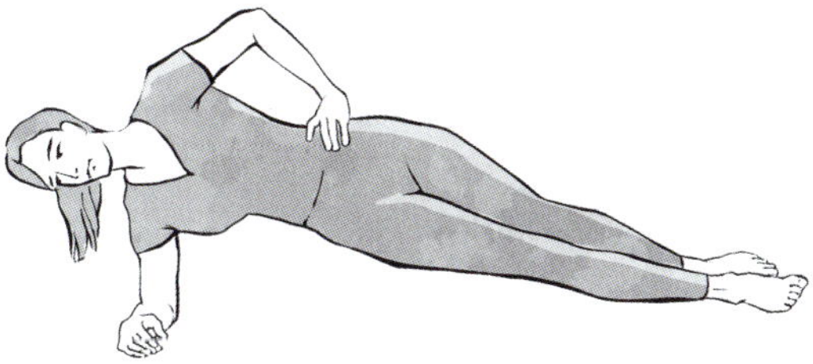

VARIANTE MITTEL

Für diese Variante machten Sie den Plank im Seitstütz. Auch dabei ist es wichtig, dass der ganze Körper eine gerade Linie bildet.

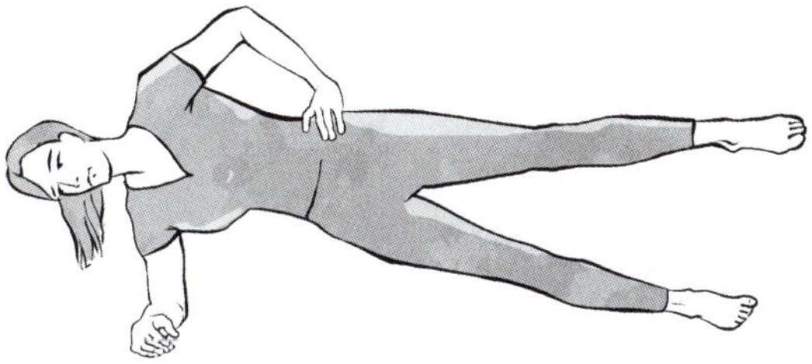

VARIANTE SCHWER

Wenn Sie gut in Form sind, schaffen Sie auch diese Variante. Heben Sie das obere Bein im seitlichen Stütz an und legen Sie es wieder ab.

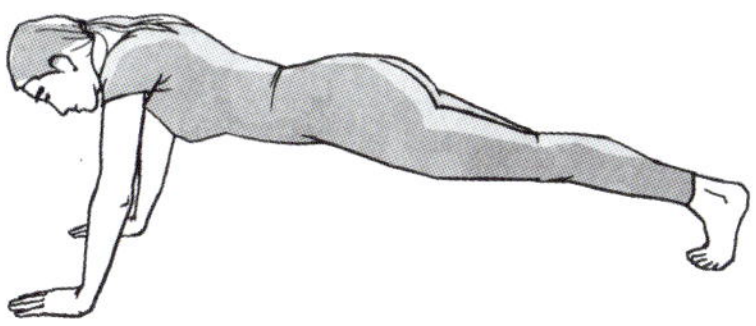

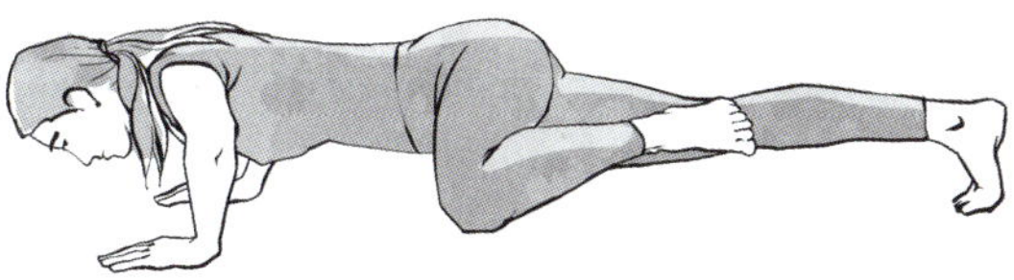

VARIANTE SCHWER

Der klassische Liegestütz (Bild oben) gehört zu den Standardübungen, die wohl jeder kennt. Er stärkt die gesamte Oberkörpermuskulatur. Wichtig: Der Rücken darf dabei nicht durchhängen. Wenn Sie noch mehr wollen, ziehen Sie ein Bein seitlich an (Bild unten).

Holger Strombergs Anti-Schmerz-Leitlinien

Sie möchten endlich frei von Arthroseschmerzen sein und keine Medikamente mehr einnehmen müssen? Das sind gute Gründe, sich mit meiner pflanzenbasierten Küche anzufreuden – dann sind Ihre Gelenke und Ihr Immunsystem optimal versorgt. Beachten Sie dazu auch meine folgenden Empfehlungen.

Meine wichtigste Empfehlung für Ihren Einkauf lautet: Der höchstmögliche Anteil der Lebensmittel, die Sie in der Küche verwenden wollen, sollte so natürlich wie möglich gewachsen, angebaut, gehalten oder produziert worden sind. Dazu gehören auch ökozertifizierte Lebensmittel, wie solche mit dem Label von Demeter, Bioland etc.

Der Anteil an **pflanzlichen Lebensmitteln** sollte bis zu **85 %** und nach Belieben mehr betragen.

Der Anteil an **tierischen Lebensmitteln** sollte maximal **15 %** und weniger betragen.

LEITLINIE NR. 1
Folgende Lebensmittel sollten Sie aufgrund ihrer Inhaltsstoffe beim Essen gegen Schmerzen überdurchschnittlich häufig verwenden:

▶ **Pflanzliche Öle der höchsten Qualitätsklasse** wie Algenöl, Leinöl, Weizenkeimöl, Hanföl, Chiaöl, Olivenöl, Rapsöl, geröstetes Sesamöl oder Walnussöl (am besten kalt gepresst). Sie sind reich an essenziellen ungesättigten Omega-3-Fettsäuren (z. B. ALA, EPA oder DHA, siehe Seite 23). Wichtig: Diese Öle bitte nur in der kalten Küche für Salate und Vorspeisen einsetzen und nicht erhitzen! Zum Braten und Erhitzen bei hohen Temperaturen eignet sich dagegen raffiniertes Rapsöl oder auch natives Kokosöl.

▶ **Komplexe Kohlenhydrate** in Form von (Sauerteig-)Brot und Backwaren aus dem vollem Korn sowie Haferflocken, Vollkornnudeln, Naturreis und Pellkartoffeln. Kartoffeln stets vor dem Verzehr oder Weiterverarbeiten einmal abkühlen lassen, damit sich resistente Stärke bilden kann (siehe Seite 37).

▶ **Gemüse, Salate, Kräuter, Gewürze und Früchte mit einem hohen Anteil an sekundären Pflanzenstoffen, Vitaminen und Mineralstoffen** wie Artischocken, Blattsalate aller Art (vorzugsweise mit Bitterstoffen wie Chicorée, Endiviensalat oder Löwenzahn), Gurke, Fenchel, Kohl aller Art sowie Sauerkraut, Möhren, Spinat, Zucchini, Radieschen, alle Pilzarten, vor allem Shiitake-Pilze; Beeren, Dörrpflaumen, Hagebuttenmark und -pulver.

▶ **Fermentierte Lebensmittel (mit Probiotika)**, zum Beispiel in Form von milchsauer eingelegtem Gemüse, Brottrunk, Kombucha, Kimchi, Sauerkraut, „lebendigem" Joghurt und Kefir von Weidekühen, -schafen oder -ziegen.

▶ **Präbiotika** und faserreiche Lebensmittel wie Schwarzwurzeln, Topinambur, Zwiebeln, Chicorée, Artischocken, Beerenobst und Vollkorngetreide (sie dienen als Nahrung für Probiotika).

▶ **Lebensmittel mit reichlich Kollagen und einer großen Auswahl verschiedener Aminosäuren** wie Quinoa, Chia-, Hanfsamen, Hülsenfrüchte, Nüsse oder Hirse; auch Knochenbrühe von Weiderindern.

LEITLINIE NR. 2

Folgende Lebensmittel und ihre Inhaltsstoffe sollten Sie auf ein geringes „traditionelles“ Maß (= wie man früher gegessen hat) reduzieren, um die Entzündungen in den Gelenken zum Abklingen zu bringen und dem Knorpel eine Chance zur Regeneration zu geben:

- Sonnenblumenöl (besitzt ein problematisches Fettsäuremuster)
- Fruktose (Obst, Früchte)
- Isolierte und raffinierte Zucker (alternativ: natürliche Alternativen wie Dattelsirup)
- Fleisch (wenn, dann nur aus naturnaher Aufzucht und Haltung, bei denen ein höchstes Maß an Tierwohl berücksichtigt wurde)
- Freiland-Eier (Haltungsform 0 bis 1)
- Milchprodukte
- Fisch und Meeresfrüchte (wenn, dann aus nachhaltigem Fang oder zertifizierter Aquakultur, wie etwa von Greenpeace oder WWF empfohlen; mehr dazu auf Seite 28).

LEITLINIE NR. 3

Um die Bekömmlichkeit und den Nutzen von Speisen und Getränken zu erhöhen, können Sie auf intelligente traditionelle Zubereitungsmethoden zurückgreifen. So lassen sich gesundheitlich ungünstige Substanzen, die mitunter auch in gesunden Lebensmitteln stecken, ganz einfach unschädlich machen:

▶ **Lektine** (Proteinbestandteile in Getreide und Hülsenfrüchten wie Bohnen, Nüssen, Nachtschattengewächsen wie Tomaten, Auberginen, Paprikaschoten und Kartoffeln, die unverträglich sein können) werden durch **Erhitzen** und **spezielle Zubereitungsmethoden** reduziert beziehungsweise eliminiert. Hülsenfrüchte am besten vorher einweichen, Getreide mit Sauerteigführung verarbeiten.

»Arthrose ist eine Erkrankung, deren Symptome nachhaltig durch ein paar einfache Ernährungsleitlinien reduziert werden können.«

HOLGER STROMBERG

▶ **Phytate** (Phytinsäure aus Vollkorn wie Weizenkleie oder aus Hülsenfrüchten wie Erdnüssen oder Bohnen) dienen der Pflanze zur Verteidigung gegen Fressfeinde und zur Energieversorgung des Keims. Sie vermindern die Mineralstoffaufnahme, (siehe Seite 20 und 58) können durch **Ankeimen, Einweichen** oder eine **spezielle Teigzubereitung** (z. B. Sauerteig mit Backferment sowie langer Teigführung) jedoch minimiert werden.

▶ **Oxalsäure** dient der Pflanze ebenfalls als Fraßschutz (z. B. in Kohlsorten, Mangold, Spinat, schwarzem Pfeffer, Portulak, Minze, Rhabarber, Amarant, Roter Bete, Erdnüssen, Beeren, Bohnen, Kakao, Instant-Kaffee oder Schwarztee) und kann durch **Säuern** und **Kochen** minimiert werden.

▶ **Absorptionshemmer** von Mineralstoffen (Säurebildner) vermeiden, wie etwa Kaffee, schwarzen oder grünen Tee und Alkohol. Wenn, dann 2 bis 3 Stunden nach oder vor den Mahlzeiten genießen.

Register

SACHREGISTER

REZEPTREGISTER

© 2021 ZS Verlag GmbH
Kaiserstraße 14 b
D-80801 München

ISBN 978-3-96584-094-2
4. Auflage 2021

Projektleitung: Kathrin Ullerich
Redaktionelle Mitarbeit und Texte:
Anna Cavelius, Franziska Pfeiffer
Lektorat: Kathrin Gritschneder
Grafische Gestaltung:
ZERO Werbeagentur, München
Satz: ZERO Werbeagentur, Christopher Hammond
Fotografie: Coco Lang (andere siehe Bildnachweis)
Foodstyling: Sven Dittmann
Illustrationen: Jan Russok (Übungen), Shutterstock
Bildnachweis: Shutterstock: S. 26, 27, 28, 29, 30, 31, 160
Herstellung: Frank Jansen
Producing: Jan Russok
Druck & Bindung: optimal media GmbH, Röbel

DIE AUTOREN

Dr. med. Helge Riepenhof gehört zur sportmedizinischen Elite Europas. Er ist Facharzt für Orthopädie und Unfallchirurgie, Physikalische und Rehamedizin sowie Sportmediziner und Chefarzt im BG Klinikum Hamburg. Seit vielen Jahren betreut der NDR-Bewegungsdoc außerdem Spitzensportler bei Olympischen Spielen und Weltmeisterschaften sowie Profi-Fußballmannschaften wie den AS Rom in Italien oder RB Leipzig.

Holger Stromberg erarbeitete sich mit 23 Jahren als jüngster Koch Deutschlands den Michelin-Stern. Zehn Jahre lang (bis 2017) begleitete er im DFB-Betreuerstab als Ernährungsexperte und Koch die deutsche Fußballnationalmannschaft. Um sein Wissen von guter, gesunder Ernährung möglichst vielen Menschen zugänglich zu machen, gründete der Food-Visionär die STROMBERG* Consulting GmbH und berät als Nutritionist Unternehmen aller Art.

Kurze Wege schonen die Umwelt
Dieses Buch wurde in Deutschland gedruckt

ZS Verlag – Ein Verlag der Edel Verlagsgruppe
www.zsverlag.de | www.facebook.com/zsverlag

HINWEIS

Die Ratschläge in diesem Buch wurden mit größter Sorgfalt von Autoren und Verlag erarbeitet und geprüft. Eine Garantie kann jedoch nicht übernommen werden. Ebenso ist eine Haftung der Autoren bzw. des Verlags und seiner Beauftragten für Personen-, Sach- oder Vermögensschäden ausgeschlossen. Erkrankungen mit ernstem Hintergrund gehören in ärztliche Behandlung! Bei bereits bestehenden Beschwerden kann das Buch daher keinen fachärztlichen Rat ersetzen.